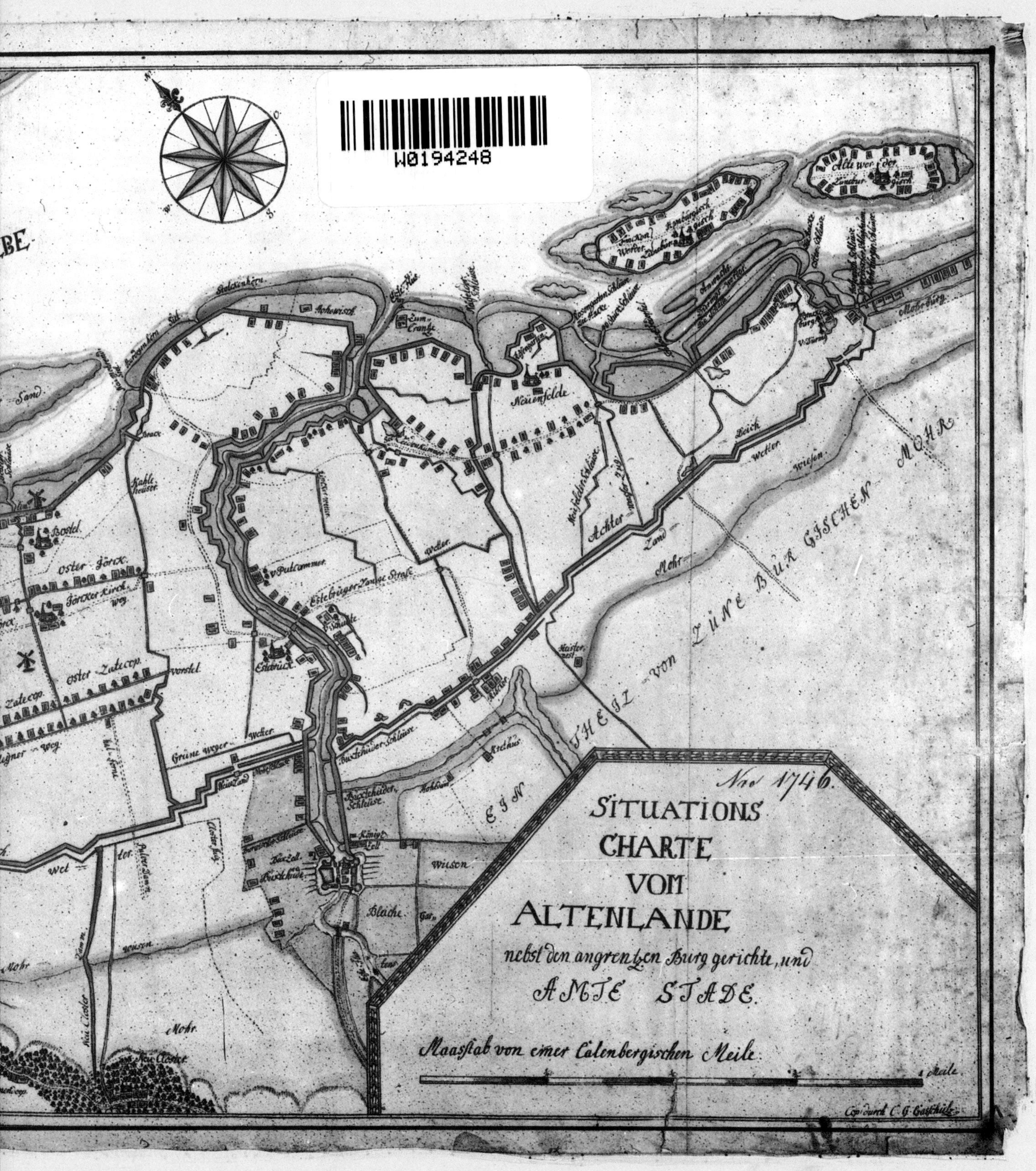
No 1746.
SITUATIONS
CHARTE
VOM
ALTENLANDE
nebst den angrenzten Burg gerichte, und
AMTE STADE.
Maasstab von einer Calenbergischen Meile.
Meile
Cop. durch C. G. Gasthütz
Neuenfelde
Oster Jörck
Jörcker Kirch Weg
Oster Zatecop
Estebrügger Hauptstraße
Estbrück
Buxtehude
Grüne weg
Wetter
Wiesen
Blachl
Mohr
Neu Closter
Zand
Mohr Burg
THEIL VON ZUNEBURGISCHEN MOHR
Buxtehuder Schleuse
Deich
Achter

Martin Jank

Buxtehude
Altes Land

Christians

Gestaltung Claus Harcken, Hamburg

Luftbild auf den Seiten 64/65
freigegeben durch Luftamt Hamburg
Nr. 4 6 46/78

CIP-Kurztitelaufnahme der Deutschen Bibliothek

Jank, Martin:

Buxtehude, Altes Land / Text u. Fotos Martin Jank
Hamburg: Christians, 1983
(Land hinterm Deich)
ISBN 3-7672-0806-7

Lithos Gries KG, Ahrensburg
Herstellung Hans Christians Druckerei
ISBN 3-7672-0806-7
Printed in Germany

Inhalt

BUXTEHUDE
IM JAHRE
MDCCCCLII
GEZEICHNET VON
HARRY
WOHLERT

Buxtehude führt im Wappen das Kreuz des Bistums Verden und die gekreuzten Schlüssel der Erzbischöfe von Hamburg-Bremen als Inhaber der vom Papst übertragenen Schlüsselgewalt Petri

Eingeschlossen von Estewasser im Viver-Ring, durchflossen vom Fleth, so sah Malerschuldirektor Harry Wohlert Buxtehude noch vor 30 Jahren

Swinegel grüßt alle Besucher an den Zufahrtstraßen

Dachdecker – wie Ameisen am hohen spitzen Petri-Kirchturm bei der Neueindeckung mit Kupferblech

Wie Dachdecker Meinke aufs hohe Roß stieg

Als an der Niederelbe noch keine Segelflugzeuge und Motorsegler im Aufwind schwebten, als in der Buxtehuder Klöterbusch-Gegend noch keine Kaserne stand, in der ein General Tiefflüge im Hubschrauber befehlen konnte, waren Maurer, Zimmerer, Dachdecker, Klempner und Schornsteinfeger die einzigen, die Buxtehude und das Alte Land aus der Luft betrachten konnten. Zu ihnen gehörte um 1908 der Dachdecker Heinrich Meinke. Auf der rund 75 Meter hohen Buxtehuder Kirchturmspitze sollte er die Wetterfahne wieder gängig machen. Der Kupferdrachen, der von unten aussieht wie ein Sachsenroß, drehte sich nicht mehr. Nach Ausbesserung des Lagers wollte Meinke es mal probieren. Er setzte sich auf das 150 Zentimeter lange Drachenpferd, drehte sich im Ritt um dessen Achse und blickte auf Stadt und Land herab.

Der Blick lohnte sich: Spielzeugklein lag Buxtehude da unten, ein paar hundert rote Ziegeldächer, Längs- und Querstraßen aus Kopfsteinpflaster, mitten hindurch von Süd nach Nord das Fleth und um das Viereck der engen Häusergruppen der breite Stadtwassergraben, der Viver. Fleth und Viver vereinen ihr Wasser im Hafen zwischen den Mühlen, fließen dann nach Norden weiter und bei Cranz in die Elbe.
Bevor sie Fleth wurde, hatte die Este schon einen weiten Weg von der Quelle bei Bötersheim über Hollenstedt und Moisburg hinter sich. Beim Stauwehr des Mühlenteiches bekam sie Meinke zu Gesicht, von da floß sie ruhig bis zum Stadtpark und wurde zum zweitenmal vor der Stadtmühle gestaut, bis sie die Untereste und das Alte Land erreichte, wo ihr schon die erste Flut von der Elbe entgegenkam.
Meinke sah in der Ferne im Dunst der Kohlefeuer die fünf Hamburger Kirchtürme. Bei einer halben Umdrehung des Drachenpferdes schweifte sein Auge über den fruchtbaren Streifen Obstland zwischen Stade und Moorburg. Davor erstreckten sich die hellgrünen Moorweiden mit Rindern und weidenden Pferden bis zum Steilufer der Geestkante.
Ein anderer Handwerker mit Zug zum »Höhenflug« war der Schornsteinfegermeister Christian Zeigert. Stadtbekannt und schon fast eine Legende, stieg er die ausgetretenen Backsteinstufen der düsteren, engen Turmwendeltreppe empor; statt Geländer ein Schiffstau haltend, juckte es ihn auf der 20 Meter hohen Galerie in den Fingern: Zum Erschrecken der winzigen Menschen tief unten schwang er sich auf die Turmbrüstung und zeigte den Bewunderern in luftiger Höhe den einarmigen Handstand, so wie er ihm auch, als bester Turner des Buxtehuder Männer-Turnvereins, auf stabilen Hausschornsteinen und auf dem hohen Fabrikschlot der Lederfabrik übte.
Wo einst Hase und Swinegel miteinander um die Wette gelaufen waren, hatte es Unerwartetes schon immer gegeben.
Ein Meister im Tauchen mußte um das Jahr 1240 der Knecht Gevehard im Kloster Buxtehude gewesen sein. Er sprang beim Wasserrad der Mühle in die Este, war Minuten verschwunden und kam wieder empor, in jeder Hand einen großen Fisch und einen dritten zwischen den Zähnen, und übergab die Beute seinem Herrn, dem Probst Ulrich. Das ist schriftlich bezeugt von dem Stader Abt Albert, der die Tauchkünste Gevehards für würdig befand, neben den Namen von Päpsten, Kaisern und Königen in seiner Weltchronik erwähnt zu werden.

Den Rundblick hat man heute besser vom Flugzeug. Da sieht man an der Schwingemündung das Stader Atomkraftwerk und daneben den 220 Meter hohen rotweiß gestrichenen Schornsteinturm des Ölkraftwerks, der die Obstgärten zu seinen Füßen vor den schwefligen Abgasen verbrannten Öls schützen soll. Schwere Drahtseile, an 227 Meter hohen Stahlmasten über die Insel Lühesand hinweg von Ufer zu Ufer gespannt, schließen einen europäischen Stromverbund, der von Sizilien bis zum Nordkap reicht.

Unten in der Kirche ein Drache, der wie ein Seepferdchen aussieht: Wetterfahne vom Petri-Turm

Von der Schwinge zur Lühe reicht die erste, von der Lühe zur Este die zweite Altländer Meile, 13,5 Kilometer am Elbufer, von Lühe bis Cranz. Davor schwimmen im Strom Inseln – einstmals Festland und Altes Land –, die von Sturmfluten losgerissen und von Menschenhand wieder mit Baggersand aus der Elbe aufgespült wurden: Hahnöfersand, Teil der Gemeinde Jork-Borstel, als Jugendgefängnis ohne Mauern von Hamburg genutzt, und das Wochenendparadies Neßsand, wo die Grenzen von Hamburg, Niedersachsen und Schleswig-Holstein aufeinanderstoßen.

Zwischen Stadersand und Moorburg, wo vor hundert Jahren Backsteinzigarren von Ziegeleien schwarzen Dunst in den Himmel pafften, überspannen heute die Spinnfäden der rauchlosen Energie Elektrizität das grüne Land.

Das kupferne Roß, das sich unter dem eisernen Kreuz auf der Spitze des Petriturmes als Wetterfahne dreht, bekommen jetzt nicht nur schwindelfreie Dachdecker zu sehen. Das alte Untier wurde durch ein neues ersetzt und unten in der Kirche aufgestellt. Da kann nun jeder rätseln, ob es mit seinem erhobenen Mähnenkopf ein Pferd oder mit seinem gerollten Schwanz ein Drache ist.

Erzbischof Giselbert von Bremen gründete Buxtehude (Relief im neuen Rathaus von Bremen)

Der mit dem Schwanze »bellende« Buxtehuder Hund vor der Stadtsparkasse, geformt von Fritz Fleer und in Bronze gegossen

Warum in Buxtehude die Hunde mit dem Schwanz bellen

Die Taten der beiden tüchtigen Turner sind schon fast Legende, obschon sie noch keine hundert Jahre zurückliegen. Und sie sind doch keine Buxtehuder Geschichten: Sie sind nachweislich wahr! Das kann man von anderen Buxtehude-Märchen nicht sagen. Die Geschichte von den Hunden, die mit dem Schwanze bellen (ohne Schwanz würden sie ganz schön jaulen) soll sogar einen ganz realen Hintergrund haben. In einem um 1910 gedruckten »Führer durch Hamburgs Umgebung« ist darüber zu lesen: »Unter Hunden sind Glocken zu verstehen, die hier in Buxtehude zuerst im Gegensatz zu der in früherer Zeit üblichen Art, die Glocken mit einem Hammer zum Tönen zu bringen, durch einen Schwengel (Schwanz) geläutet wurden. Da nach niederdeutschem Sprachgebrauch läuten und bellen gleich war, so kam es, daß die Hunde in Buxtehude mit dem Schwanze bellten und daß heute jeder echte Buxtehuder Köter Reißaus nimmt, wenn er einen neugierigen Fremden wittert.«
Der Name Hund für Glocke wird auch anders erklärt. St. Petri-Pastor Hans Schwietering hat von seinem Onkel, dem Sprachforscher Dr. Paul Alpers in Celle, folgende neue Deutung erhalten: Auf den Riegel, mit dem die Glocke fest verbunden und mit zwei Zapfen im Glockenstuhl beweglich aufgehängt war, saß ein Hebel. Wenn der Glöckner die Glocken läuten wollte, trat er auf das äußerste Ende des Hebels und setzte mit seinem Körpergewicht die Glocke in Schaukelbewegung, bis sie mit ihrem Schlagring den in ihrer Mitte hängenden Klöppel anstieß. Dadurch wurde der Klang erzeugt. In Buxtehude und anderswo wurde diese mühselige Art des Läutens durch eine einfache Erfindung abgelöst: An das Ende des Hebels wurde ein Seil gebunden, das der Glöckner nun von unten zog, um die Glocke zu bewegen. War seine Arbeit getan, wurde das Seilende von der weiterschwingenden Glocke hin- und hergerissen und schleifte dabei am Boden. Im Laufe der Zeit franste das Seilende aus, bis es einem Hundeschwanz glich. Der als Hebel benutzte Querbalken soll Hunter heißen nach dem englischen Wort für Jäger oder (technisch) Pendler.
Ein Witzbold, vielleicht der Pfarrer selbst, meinte eines Tages: »In Buxtehude bellen (klingen) die Hunter (Hunde) mit dem Schwanz (Seilende).« Seitdem haben die Buxtehuder in ganz Deutschland den Ruf, Hunde mit ganz besonderem Gebell zu besitzen. Sie lachen darüber und antworten mit der Gegenfrage: Bellen bei euch die Hunde ohne Schwanz? Sie beeilen sich dann aber, fremden Besuchern die Erklärung des eigenartigen Schnacks nahezubringen. Pastor Schwietering hat sogar ein kleines Modell gebastelt, an dem er die Entstehung des Buxtehuder Hundegebells erklären kann. Wann das Läuteseil in Buxtehude eingeführt wurde, darüber schweigt die Kirchengeschichte. Ganz gewiß wurde die erste Glocke der 1285–96 gebauten Peterskirche nicht mehr mit dem Hammer angeschlagen. Den Hammer löste der Klöppel ab, ein Glockenschwengel nach dem Vorbild der Trommelstöcke, mit dem der Glöckner die Glocke »kloppte«. Als die Kirchenglocken größer wurden, mit über einem Meter Durchmesser und dem Gewicht einer Tonne und mehr, wurde der

Glockenstuhl mit der Befestigung der Krone an den Holzriegel erfunden. Ältere Glocken findet man im Alten Land in den Kirchen von Grünendeich, Twielenfleth, Steinkirchen, Jork und Estebrügge, die älteste hängt in einer Dachgaube im Turm der Kirche zu Borstel. Sie hat nur einen halben Meter Höhe und Breite und ist um 1200 gegossen worden, als die Kirche noch auf dem Hahnöfersand stand. Eine Sturmflut machte das hohe Ufer (= Hahnöfer) zur Insel und zerstörte die Kirche. Sie wurde nach 1400 im nahen Borstel neu aufgebaut.

Das Alter der gotischen Petrikirche in Buxtehude ist nicht genau ermittelt. Der Braunschweiger Kunsthistoriker Dr. Jürgen Michler, der 1963 alte Mauerreste freilegte, nimmt an, daß mit dem Kirchenbau im Jahre 1285 begonnen wurde. Noch vor seiner Vollendung ist dann die Basilika (griechisch = Königshalle) in ihrer heutigen Größe in Angriff genommen worden. Neben dem breiten Hauptschiff ducken sich in halber Höhe zwei Seitenschiffe und lassen durch obere Fensterreihen das Licht voll in den Kirchenraum fluten, den gotische Arkaden (Bögen) über wuchtigen Pfeilern dreiteilen. Nach Osten zum Petri-Platz wird die Hallenbasilika durch einen fünfeckigen Chor abgeschlossen, den Altarraum, aus dem im katholischen Mittelalter der Chorgesang erscholl. Besucher sind immer wieder überwältigt von der Wirkung dieses hellen gotischen Kirchenraumes, der sich neben anderen norddeutschen Backsteinkirchen in Lüneburg, Lübeck, Rostock und Wismar behaupten kann.
Holzschnitzer haben Spuren im Kirchenmobiliar hinterlassen: in die hohen Stuhlwangen des alten Chorgestühls (um 1400) haben sie Heiligenfiguren eingeschnitten; in der kleinen Sakristei nebenan steht einer der ältesten Schränke, grau angestrichen mit spätgotischen schmiedeeisernen Beschlägen. Nach der Reformation (um 1545) schnitzte ein tüchtiger Handwerker Holzreliefs in die Stuhlwangen des Hauptschiffs und die Felder des berühmten Buxtehuder Ratsschrankes (Museum für Kunst und Gewerbe in Hamburg).
Um 1500 schuf der »Halepaghenmeister«

Superintendent Schwietering bastelte für Kirchenbesucher das Modell des Glockenstuhls, von dem der Schnack des mit dem Schwanz bellenden Hundes entstand

Die Petri-Kirche mit dem hohen Spitzturm von 1858 und dem von zwei Fensterreihen durchbrochenen Ostchor

Inschrift am Heimatmuseum (Erbaut 1580/1913)

AM GUTEN ALTEN IN TREUEN HALTEN
AM KRAEFTIGEN NEUEN SICH STAERKEN UND FREUEN

Brand des Kirchturms nach Blitzschlag 1674 – Titelseite des Hamburger Kupferstechers von Hensbergen für den Druck der Brandpredigt von Pastor Pilgrim (unterer Teil)

den im nördlichen Seitenschiff aufgestellten spätgotischen Klappaltar.

Ein weiterer mittelalterlicher Altar, ein Passionsschrein, fand im Heimatmuseum seinen Platz. Der »Buxtehuder Altar« aus der Hamburger Werkstatt Bertrams von Minden ist an die Hamburger Kunsthalle ausgeliehen worden. Dort hat ihr einstiger Direktor Alfred Lichtwark das gesamte Werk dieses bedeutenden Malers und Bildhauers des 14. Jahrhunderts zusammengeführt.

St. Petri war eine große Kirche für eine kleine Stadt mit nur 300 Feuerstellen. Für ihren Bau hatten Ablaßbittende aus dem ganzen Abendland gespendet.

In der »Buxtehuder Chronik« von Luneberg Mushard (1706) heißt es, am 5. Mai des Jahres 1285 nachmittags zwei Uhr sei der erste Stein zum Bau der Petri-Kirche gesetzt worden. Vollendet wurde sie im Jahre 1296, zur Zeit des Papstes Bonifazius VIII. (1294–1303), der das »Jubeljahr« einführte (Ablaß für Rompilger, die im Jubeljahr 15 Tage dort Peter und Paul aufsuchten).

15 Bischöfe aus Europa und Kleinasien, unter ihnen die Erzbischöfe von Jerusalem und Ragusa, versprachen jedem Spender von Geld und Naturalien zum Bau von St. Petri in Buxtehude einen 40tägigen Ablaß. Als im Jahre 1674 ein Blitz den barocken Turm zerstörte, halfen Nachbargemeinden und die Stadt Hamburg beim Wiederaufbau.

1710 stiftete der Hamburger Reeder und Kaufmann Michael Wilckens aus Dankbarkeit seiner Vaterstadt den barocken Altar: einen ähnlichen Hochaltar hat er später auch der Hamburger Jacobikirche gestiftet. Seine Dankbarkeit hatte handfeste Gründe: Buxtehude war zu dieser Zeit schwedisch (1648–1712), und seine zahlreichen Fernsegler konnten unter schwedischer Flagge unbehelligt auch vor Frankreichs Küsten fahren. Unter Hamburger Flagge wären sie vom Sonnenkönig Louis XIV. (1643–1715) beschlagnahmt worden; denn Frankreich befand sich im Kriegszustand mit dem Deutschen Reich und damit auch mit Hamburg. Schweden und mit ihm Buxtehude blieb neutral. Für Schiffer und Reeder war seine Flagge Gold wert.

Aufführung des Weihnachtsoratoriums von Johann Sebastian Bach im Chor der Petri-Kirche (19. Dezember 1982)

Machte Buxtehude weltbekannt: Wettlauf auf einer Postkarte

Wie Swinegel, Hase und ein Schmied eine kleine Stadt bekannt machten

Schrieb das plattdeutsche Märchen »Dat Wettloopen twischen den Swinegel un den Haasen up de lütje Haide bi Buxtehude«: Schriftsteller Wilhelm Schröder aus Oldendorf, Kreis Stade (Bildnis nach Foto)

Wer glaubt, mit der Deutung des Hundeschwanzgebells als Glockengeläut würden die Buxtehuder ernstgenommen, weiß nichts von der Beharrlichkeit deutscher Sprichwörterweisheiten. Die ganze Geschichte mit dem Glöcknerseil nützt überhaupt nichts, wenn in K. F. W. Wanders Deutschem Sprichwörter-Lexikon (Darmstadt 1977!) steht: »Buxtehude. Er ist aus Buxtehude, wo die Hunde mit dem Arsche bellen.« Mit dem kann man ja wirklich keine Glocken läuten. Und nach dem Motto – »de Düwel schitt immer op'n grötsten Hupen« – wird auch lustig auf Kosten des schönen alten Namens Buxtehude gewitzelt, zum Beispiel: »Geh nach Buxtehude, wo der Pfeffer wächst.«

Dann erzählt ein gewisser Wilhelm Schröder, der sich Doktor der Philosophie und Redakteur des »Hannoverschen Volksblatts« nannte, 1840 seinen Lesern eine plattdeutsche Geschichte vom Wettlauf zwischen einem Igel, genauer Swinegel, und einem Hasen. Alles Betrug natürlich: der Igel nimmt die Frau Gemahlin mit. Er stellt sich an den Start, sie ans Ziel, und die

Rennerei über Ackerfurchen geht los – der Hase mit langen Läufen und fliegenden Löffeln immer vorneweg. Aber am Ziel sitzt schon ein Stachliger und ruft: »Ick bün all hier«. Neuer Start, und am Ende sitzt wieder ein Igel am Ziel. Wer soll bei Stacheltieren schon den kleinen Unterschied erkennen. Der Hase kann es jedenfalls nicht. Er verliert die Wette und fällt am Ende tot um. Die Geschichte setzte zentnerweise Druckerschwärze in Bewegung, wurde in der ganzen Welt nachgedruckt, auch da, wo sie hingehörte, in die Grimmsche Märchensammlung. So weit, so gut, das ginge die Buxtehuder überhaupt nichts an, sie sind weder mit dem Hasen noch mit dem Igel verwandt oder verschwägert und auch nicht mit Wilhelm Schröder (1808–1878). In der ganzen Geschichte kommt Buxtehude überhaupt nicht vor, aber als er über einen Titel nachdachte, fiel dem unglücklichen Schröder nichts Besseres ein, und er schrieb: »Dat Wettloopen twischen den Swinegel un den Haasen up de lütje Haide bi Buxtehude«. Also noch nicht mal in, sondern bei, aber das haftete. Wo, sollten Millionen Märchen lesende Kinder in aller Welt nun denken, liegt dieses Buxtehude? Natürlich im Märchenbuch und nirgends woanders.

Der Märchendichter Schröder machte also Buxtehude berühmt, und er war in den »Swinegel« so verliebt, daß er ihn zur Romanfigur in »Swinegels Lebensloop un Enne in'n Staate Muffrika« und »Swinegels Reise nach Paris« als Friedensstifter machte. (Beides Zeitsatiren zwischen 1866 und 1869.) »Swinegel« wurde zum Markenzeichen – so hießen Käse, Schnäpse, Pferderennen auf Buxtehudes Rennbahn (heute Jahnplatz). Eine Gastwirtschaft in der Harburger Straße heißt »Zum Swinegel«, und diesen Namen gab der Dichter Hans Leip in seinem »Buxtehuder Krippenspiel« auch der Herberge, in der kein Raum war für die Flüchtlingsfamilie Hase. Nach dem Hundegebell also auch noch das! Tausend Jahre Geschichte und alles für die Katz. Wohin seit mehr als hundert Jahren Buxtehuder reisen, werden ihnen Ohrfeigen angeboten oder verabreicht für die schlichte Wahrheit, daß sie aus Buxtehude kommen.

Ein Techniker meldet seine Schwester zum

1850 druckte der Maler Gustav Süs aus Düsseldorf Schröders Märchen mit eigenen Bildern nach

Der Wettlauf auf einer alten Postkarte mit verschlüsseltem Text

Die Waldstrecke des Ottenser Torfweges erhielt 1959 den Namen »Wettloopsweg«, Hase und Igel waren dabei

Seine Himmelfahrtstour macht der Altonaer Hafenverein mit einer Barkasse nach Buxtehude, und wird hier immer festlich begrüßt (l. Kunstmaler Max Gretscher, r. Architekt Johannes Stahmann)

Besuch einer Frauenfachschule in München an. Der Direktor verwechselt ihn mit einem anderen und begrüßt ihn: »Ach, Sie sind der Herr aus Buxtehude.« – »Ich muß doch sehr bitten, sehe ich so aus? Ich bin aus Ochsenfurth!« war die entrüstete Antwort.
Und nun erst die Erlebnisse Buxtehuder Soldaten bei Preußens. »Was, woher sind Sie, aus Buxtehude? Drei Tage Mittelarrest wegen Belügens eines Vorgesetzten.«
Selbst bei der seligen Reichsbahn gab es sonderbare Erlebnisse von Buxtehudern, die empörten Bahnbeamten im Süden oder Westen und sogar in Berlin beweisen mußten, daß es eine Station mit diesem Namen wirklich gibt.
Als im preußischen Abgeordnetenhaus ein Vertreter des Wahlkreises an der Niederelbe beklagte, daß Staatsbeamte in Buxtehude nur nach Ortsklasse C besoldet würden, erntete sein Antrag schallendes Gelächter.
Im Gefühl, mit den Buxtehudern kann man's ja machen, ist schon mancher reisende Handwerksgeselle nordwärts gepirscht nach dem Motto:

»Broder, ick un du,
Wi gaht na Buxtehu,
Wüllt den Buur in'n Keller krupen
Un em all sien Beer utsuupen.«

Da fehlt also nur noch der Buxtehuder Schmied, einer von den vielen wandernden Handwerksgesellen, die stolz den Namen »Buxtehude« in ihr Wanderbuch stempeln ließen, sich in Meisters Töchterlein verliebten und selbst Buxtehuder wurden. Gereimt liest es sich so:

»Buxtehude liggt an de Est,
Un is een ganz vergnögtet Nest!
De Hund, de bellt da mit den Steert,
Den Smid sien Arbeit is ook wat wert,
De Haas un Swinegel löpt um de Wett,
Wat man annerswo ook nich hett.«

Woher der weltbekannte und etwas anrüchige Ruf der Buxtehuder Schmiede kommt, ist dunkel. Der Hamburger Kunstmaler Louis Gurlitt, einer der bedeutenden deutschen Landschaftsmaler des 19. Jahrhunderts, traut in seinen Lebenserinnerun-

Nach dem Sieg läßt Maler Gustav Süs bei Swinegels die Puppen tanzen

In Glas geschliffener Buxtehuder Schmiede-Engel

Der jüngste »Schmied von Buxtehude« war Christian Eberstein (rechts vom Amboß auf der Postkarte um 1900)

gen seinem Onkel, dem Schmiedemeister Ludwig Eberstein zu, Erfinder geschmiedeter Späße zu sein. Die Familie Eberstein besitzt noch heute einen Glaspokal, in den die Jahreszahl 1542 eingraviert ist – unter dem Bild eines Engels, der mit seinem Schmiedehammer ein zu schwaches Mannesglied auf dem Amboß härtet.
Einem Gerücht zufolge soll ein Herzog von Braunschweig einem Buxtehuder namens Nikolaus Schmidt für seine graue Quecksilbersalbe ein Privileg erteilt haben. Diese Medizin sollte gegen die Franzosenkrankheit wirken, eine Hautinfektion, die Columbus mit aus Amerika gebracht hat. Sicher ist, daß Schmiede früher Tierkrankheiten kurierten und Roßkuren durchführten. Aber der eigentliche Spaß fing mit Ludwig Eberstein an. Seine »Patienten« waren Herrengesellschaften von nah und fern, die der Schmied zur – symbolischen – Behandlung vor seinem Amboß empfing, damit sie ihren kleinen Unterschied »vorstahlen« ließen. Diese Kräftigung wurde ihnen auf einem gedruckten Attestatum bescheinigt, für das sie gut und gern ihren Taler zahlten. Soviel konnte der Schmied mit Hufbeschlag und ähnlicher Grobarbeit gar nicht verdienen. An einem Tag kassierte er manchmal bis zu 180 Goldmark. Das Anfangsgehalt eines Lehrers betrug damals 93,33 Mark!
Den Schmied selbst gibt es nicht mehr, nur sein Haus schräg gegenüber dem Rathaus steht noch, und auch die Attestate werden noch verkauft – in der Buchdruckerei Hausmann in der Langen Straße 32 oder im Buxtehuder Ratskeller beim Wirt. Reliefs auf den Pfeilern des Kellergewölbes zeigen Szenen, in denen die Heilmethoden der wundertätigen Schmiede von Buxtehude beschrieben werden.
Mancher Buxtehuder möchte den anrüchigen Schmied lieber vergessen. Empört reagierte ein Ortsgeistlicher, als der Magistrat den Schmied mit seinem Hammer 1920 sogar auf Notgeldscheine drucken ließ, um dem Kleingeldmangel abzuhelfen.

Siegel auf dem »Attestatum«

Wer den Schmied heute noch »aktiv« sehen will, muß ins Rathaus gehen. Da schwingt er den Hammer noch in Stein: auf den Säulen des Ratskellers

Das Bild unten zeigt die Fensterseite des Ratssaales

Spruch über dem Kamin im Buxtehuder Ratssaal

Un süht dat uk noch so slecht,
Dat löppt sick allens wedder trecht.

DER EICHHOFF
CLOSTERS STA
HEERSTRASSE NACH LÜNEBURG
CLOSTERS THEICHE
CLOSTERS THEICHE
DIE PFORTEN DES CLOSTERS HOFF
CLOSTERS WECH NACHER LANDT LÜNEBURG
CLOSTERS SCHEUNE
DIE
DAS CLOSTER
DE
EINE L LIONS-ACTIVITY LIONS CLUB BUXTEHUDE
CLOSTERS KOPPEL IEHNSEIT DER ESTE
otto

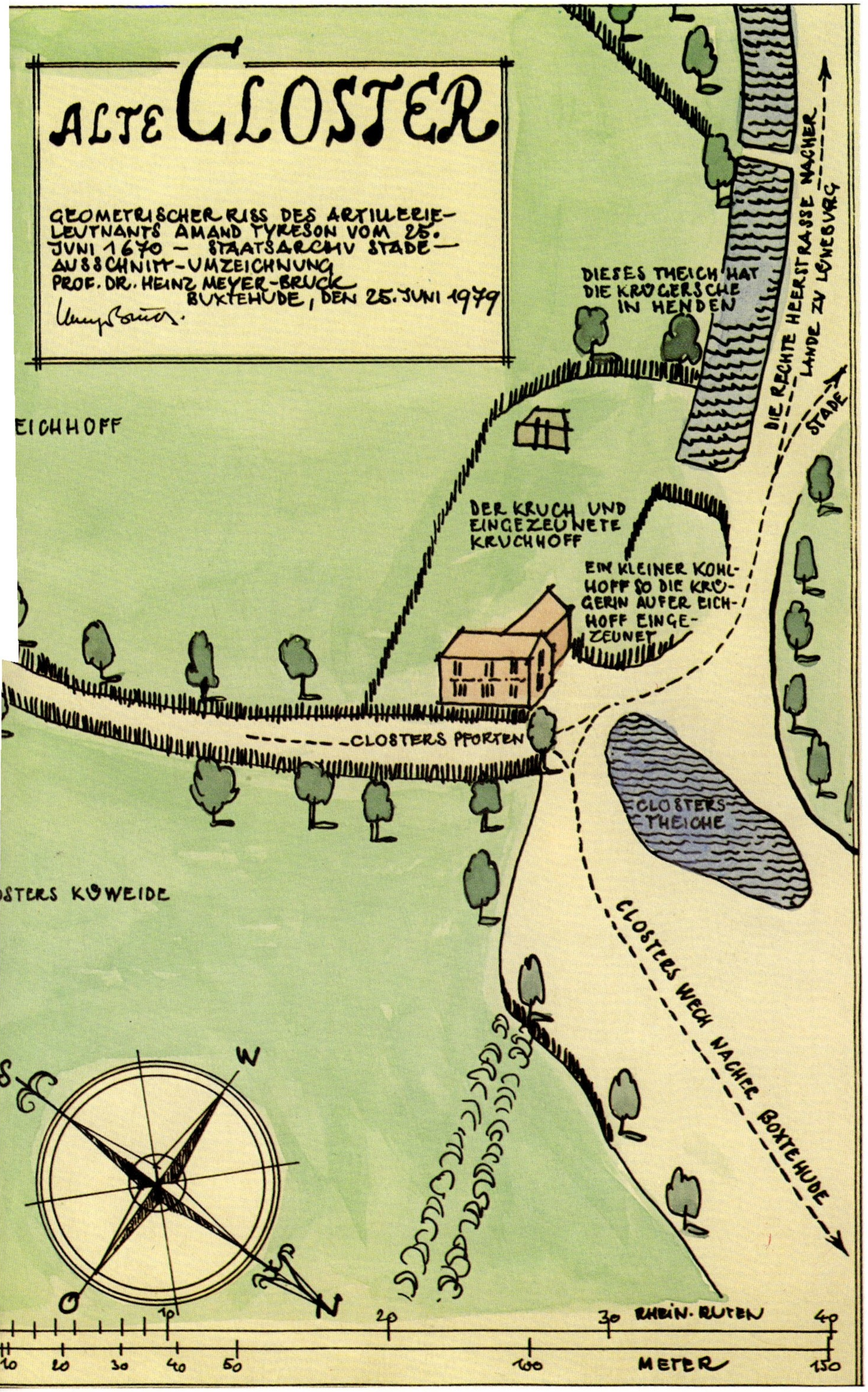

An der Este hatten die Nonnen ihre Badestube

Ein Blick auf die Stadtkarte zeigt, daß Buxtehude durch die Bahnstrecke Hamburg–Harburg–Stade–Cuxhaven in eine nördliche und eine südliche Hälfte geteilt wird. Die Eisenbahn besteht zwar erst seit gut 100 Jahren, die Grenze aber ist historisch: Bis zum Jahre 1931 gab es die Kleinstadt Buxtehude mit rund 4000 Einwohnern im Moor nördlich der Bahnlinie. Südlich der Bahn lag das Dorf Altkloster. Es ist die eigentliche Urzelle der Siedlung Buxtehude und in einer Urkunde im Jahre 959 zum erstenmal als »Buocstadon« erwähnt worden. Buocstadon lag an der Stelle an der Este, wo der Fluß mit starkem Gefälle in die Niederung tritt und auf einer Furt und später auf einem Damm überquert werden konnte. Die Aufgabelung der Este vor Eintritt in den Gezeitenstrom hat die Anlage von Wasserrädern zum Kornmahlen begünstigt. Das Stauwehr am Mühlenteich wird noch heute für eine Wasserturbine zur Stromerzeugung benutzt. Seit dem Mittelalter wurden hier zwei Kornmühlen betrieben. Eine davon wurde 1622 zu einer Papiermühle umgebaut.

Die Siedlung Buocstadon kann nicht gerade arm gewesen sein: Am 2. Juli des Jahres 959 schenkte König Otto (der als Kaiser Otto der Große in die Geschichte einging) dem Benediktinerkloster St. Mauritius (Moritz) in Magdeburg laut Urkunde »die ganze Gerichtsbarkeit und alle Abgaben, die im Sächsischen Mal heißen, mit allen Gebäuden, Höfen, Feldern, Wiesen, Weiden, Wäldern, Gewässern, Fischereien, Wasserläufen, Mühlen, Wegen und unwegsamen Gebieten, erschlossenen und unerschlossenen, bebauten und unbebauten Ländereien mit Leibeigenen beiderlei Geschlechts«. Da das Moritzkloster von solchen Einkünften seine Ausgaben bestreiten mußte, wird Buocstede mehr als ein Almosen gewesen sein, eine nahrhafte

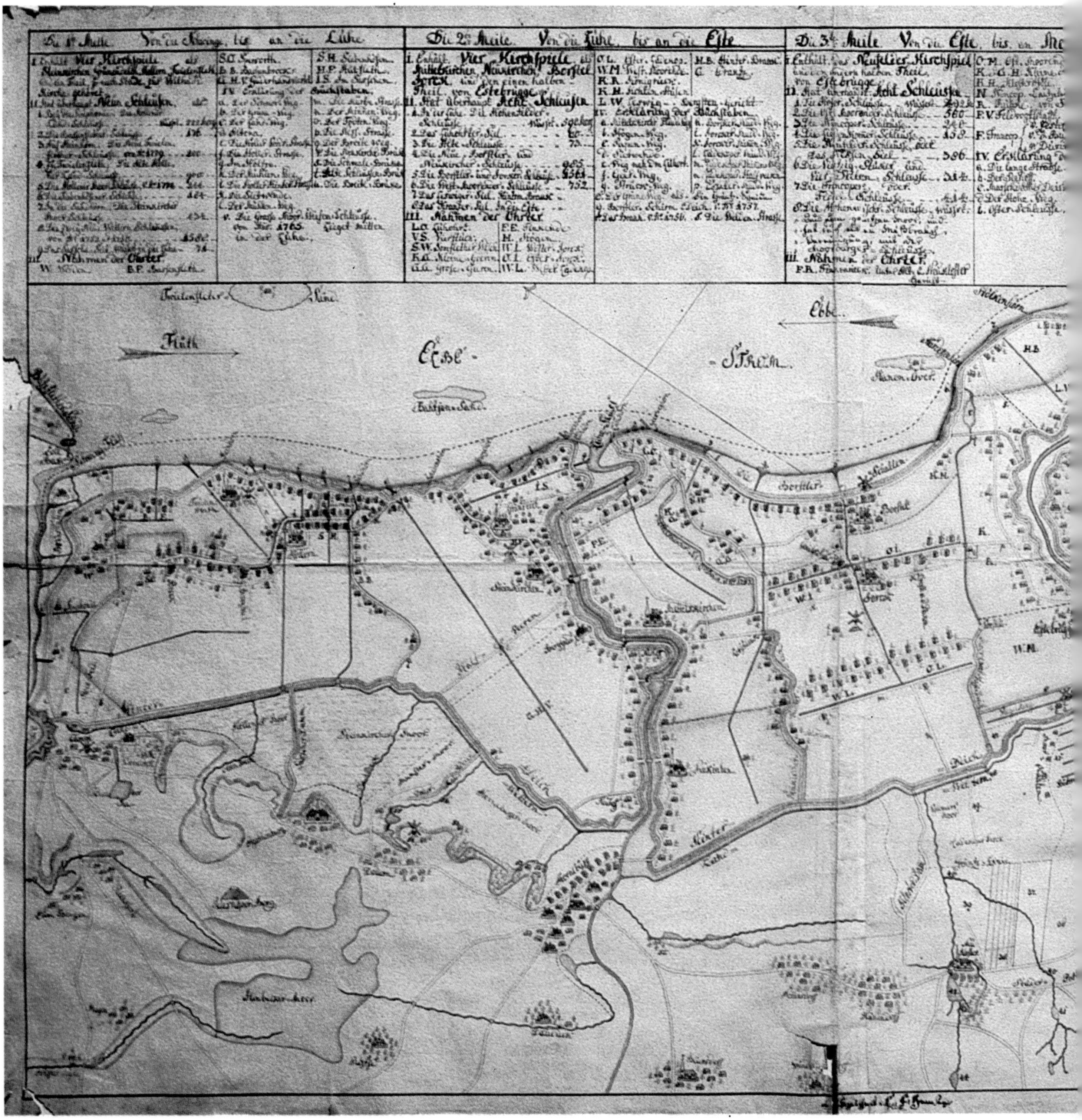

Die 1te Meile Von die Schwinge bis an die Lühe
Die 2te Meile Von die Lühe bis an die Este
Die 3te Meile Von die Este bis an
Fluth
Ebbe
Elbe-Strom

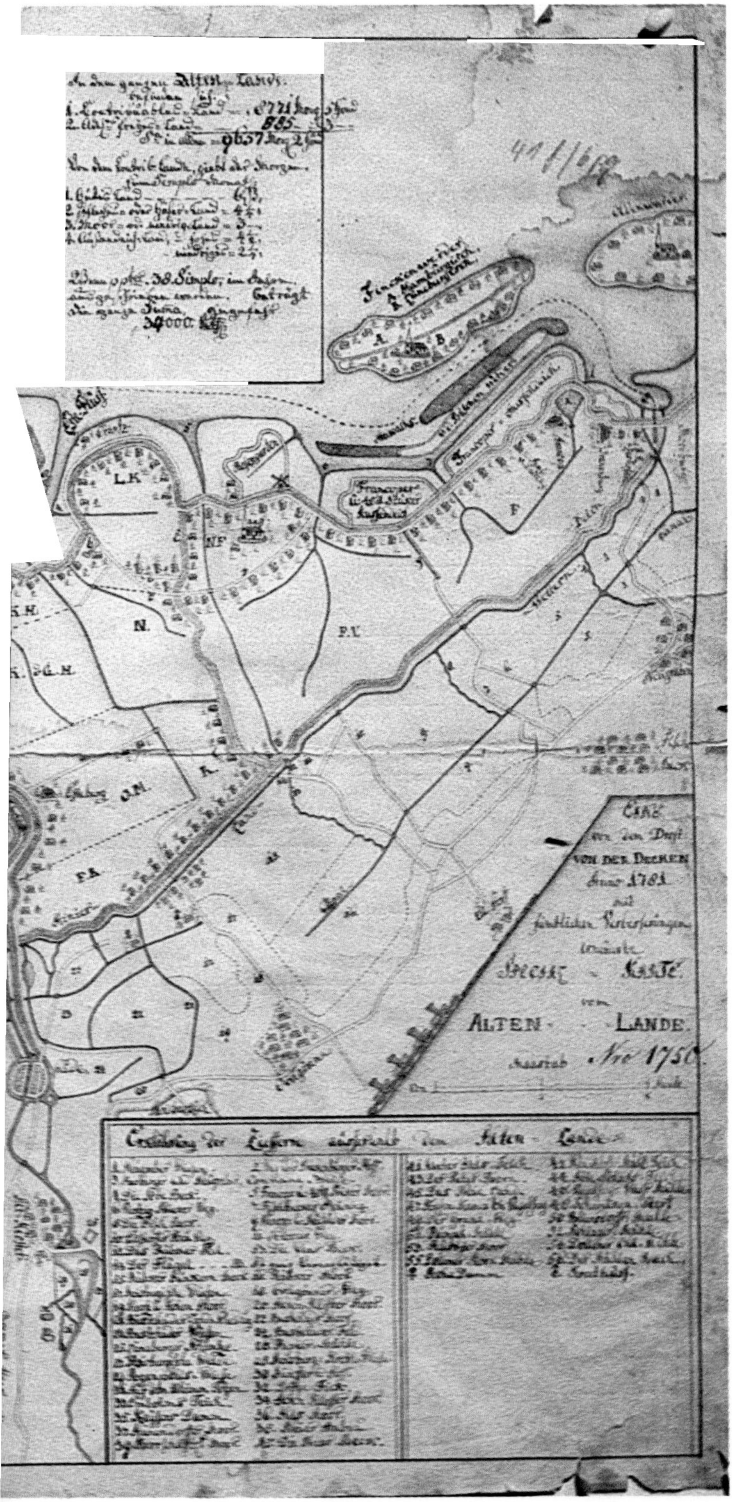

In dieser Karte von 1781 sind die Namen der Kirchspiele, Schleusen, Siele und »Öhrter« der drei Meilen des Alten Landes aufgezählt

Siedlung unter der Herrschaft des Harsefelder Grafen Heinrich (929–976), der mit dem Kaiser blutsverwandt war. Um diese Zeit gab es die Stadt Buxtehude noch nicht, das Moor war wüst und unwegsam, und in der Marsch war nur das hohe Ufer an der Elbe bewohnt.

Genau hundert Jahre später (1059) kam der Erzbischof Adalbert von Bremen–Hamburg mit der Edelfrau Riqur überein, daß ihre Güter im Stadeschen und in Dithmarschen nach ihrem Tode der Kirche zufallen sollten. Die Abgaben aus Twielenfleth und Hasselwerder bestimmte sie für das Kloster auf dem Süllberg (Blankenese). Um diese Zeit hatten die Harsefelder Grafen, deren Herrschaft sich zwischen Weser und Elbe bis in die rechtselbeschen Marschen erstreckte, ihren Sitz schon nach Stade verlegt und ihre Harsefelder Besitzungen einem Stift Geistlicher überlassen, der späteren Benediktinerabtei Harsefeld. Im Jahre 1135 wurde die Siedlung an der Este zum zweiten Mal von einem römisch-deutschen Kaiser besucht: Kaiser Lothar III., der Sachse, logierte wahrscheinlich im Buxtehuder Edelnhof und stellte hier eine Urkunde für das Kloster Wildeshausen aus. In dieser Urkunde taucht zum erstenmal der Name Bucstethehude auf. Was war die Hude? Lange meinte man, es wäre eine Wiese, auf der Vieh gehütet wurde. Erst 1968 wurden Pfahlrammungen einer 38 Meter langen Hafenanlage am linken Esteufer beim Bau eines Terrassenwohnhauses unterhalb des Klosterhofes freigelegt und von Artur C. Förste als »Hude = Landebrücke« von Bucstedehude nachgewiesen. Untersuchungen der Holzbohlen bestätigten, daß der Hafen beim Besuch Kaiser Lothars 1135 schon bestanden hatte. Er war groß genug, daß hier gleichzeitig zwei Schiffe beladen und gelöscht werden konnten.

Nach der Zeit des Kaiserbesuches spielten die Stader Grafen und die Buxtehuder Edelherren schon eine wichtige Rolle bei der Besiedlung des niedriger gelegenen Hinterlandes der Marsch, des Sietlandes, durch holländische Bauernsöhne. Da zwischen Buxtehude und diesen neuen Holländersiedlungen (Nincop, Estebrügge, Jork, Mitteln- und Steinkirchen) unwegsames

Moor lag, konnten Menschen und Wagen, Geräte und Baumaterial nur auf dem Wasserwege an Ort und Stelle gebracht werden: Der Hafen Bucstadehude war Umschlagplatz bei der Besiedlung des Alten Landes. Dabei haben die Edlen von Buxtehude als Unternehmer mitgewirkt und vom heutigen Estebrügge aus, das zuerst Eschede hieß, die zweite und dritte Meile des Alten Landes besiedelt.
Diese Flächen waren damals so niedrig, daß mittlere Hochwasser sie unter Wasser setzten. Beackert und bepflanzt werden konnte das Sumpfland erst nach dem Aushub von Gräben und Entwässerungskanälen, dem Bau von Flußdeichen an Este und Elbe und eines Hinterdeiches zum Moor hin. Bucstethehude, der Hafenort im heutigen Stadtteil Altkloster, ist mit der Marsch, dem Alten Land, schon lange verbunden.
Die Siedlung war das Werk mehrerer Generationen unter den Stader Grafen Rudolf II. und Hartwig (dem späteren Erzbischof von Bremen) sowie dessen ärgstem Widersacher, Herzog Heinrich dem Löwen. Die Siedler kamen aus dem holländischen Sietland zwischen Oude Rijn (Altrhein) und Amstel, dessen Veenland ihre Väter schon hundert Jahre vorher nach gleichem Muster wie das Alte Land durch Gräben in Streifen zerschnitten, entwässert und besiedelt hatten.
Im Jahre 1200 starb das Geschlecht der Edelherren von Buxtehude im Mannesstamme aus. Die Halbbrüder Heinrich und Gerlach und Heinrichs Frau Floria, deren Ehe kinderlos blieb, baten Bischof Rudolf von Verden im Jahre 1197 zusammen »mit einem gottesfürchtigen Mönch namens Sigeband« von ihrem Erbgut ein Kloster für Nonnen in dem vorgenannten Orte Buxtehude bauen zu dürfen. Die drei Stifter erfüllten damit ein Gelübde nach dem Geist der Zeit, die Güter der Kirche und der Orden zu mehren. Dazu gab Graf Adolf von Schauenburg, der die Stader Grafschaft für kurze Zeit beherrschte, seine Zustimmung, und der Vertrag wurde auf einem Thing beschworen, das des Grafen Vertreter Iwan nach Lutmeresdorpe (Dorf, das am Bullenberg oder bei Ottensen lag), berief.

Am »Klosterhof« wurden 1982 Grundmauern des Klosters Buxtehude freigelegt

Eichenreihe an der Apenser Straße – links davon liegt jetzt das Jahn-Stadion

In der Mitte des Thingplatzes baute der Domherr Hermann aus Verden Schreine der Hl. Maria und Laurentius auf. Die Edlen von Buxtehude schenkten dem Kloster »die östliche Mühle sowie den ganzen Herrenhof, die Hofstätten und das Land von der Kirche des heiligen Petrus bis zu dem Gebäude der heiligen Maria auf dem Berge, die andere Mühle aber behielten sie für sich. Und sie übertrugen das ganze Ackerland und das Ödland an der Este von dem Dorf Buxtehude bis nach den Holländern mit allen Rechten«, heißt es in der Gründungsurkunde. Im Besitz des Nonnenklosters Buxtehude werden Höfe in Eyendorf (Eilendorf), Immenbeck, Ardestorf, Pippensen, Hollenstedt, Eversen, Grauen, Sprötze, Tostedt, Ottensen, Rahmstorf genannt, die Steuern (Zehnten) an das Kloster zu zahlen hatten.
Auf reichen Klosterbesitz weisen auch die Grundmauern der umfangreichen Klosteranlagen hin, die 1982 auf Anregung des Buxtehuder Lions-Clubs unter Leitung von Kreisarchäologe Dr. Frerichs freigelegt wurden. Da gab es außer einer dreischiffigen Kirche Schlafräume und einen Eßsaal für die Nonnen, Häuser für Laienbrüder und -schwestern und umfangreiche Wirtschaftsbauten.
Bei dem 300 m entfernten heutigen Teichweg hatten die Nonnen ihren Teich für Klosterfische, und aus Abt Alberts Weltchronik wissen wir, daß zwischen Kloster und Hafenhude auch eine Badestube gelegen hat, damit die Nonnen nicht nur aufs Seelenbad angewiesen waren. In seiner Blütezeit mochte das Kloster an die hundert Nonnen, Novizen und Schülerinnen beherbergt haben.
1197 war das Jahr, in dem der Stauferkaiser Heinrich VI. starb und der Streit um seine Nachfolge zwischen den Hohenstaufen und Otto, dem Sohn Heinrich des Löwen, zu einem jahrelangen Bürgerkrieg führte. Frankreich und England ergriffen darin Partei, und das Stader Land war Zankapfel zwischen den Staufern, den Nachfolgern Heinrichs des Löwen und dem Bremer Erzbischof.
Das Kloster Buxtehude bestand schon fast ein Jahrhundert, als (1286) 700 Meter weiter nördlich, mitten im Moor, eine neue Stadt gegründet wurde. Das Elbe-Weser-Gebiet war nun fest in der Hand der geistlichen Fürsten von Bremen–Hamburg. 1236 hatten sie sich mit den Herzögen von Lüneburg-Braunschweig nach 100jährigem Krieg auf die Este als Grenzlinie (zwischen Buxtehude und Hollenstedt) geeinigt. Diese blieb auch Kreis- und Bezirksgrenze bis 1972, als Eilendorf mit der »Lüneburger Schanze«, Daensen, Pippensen und Heimbruch mit Immenbeck, Ovelgönne und Ketzendorf zu Buxtehude kamen.

»Den 7. Februar 1645 ist der Herr General Lieutenant Königsmarck mit den Schwedischen Völkern über das alte Kloster ins Erzstift Bremen allhir gerückt, und mit seinen hohen Offizieren am Bullenberge eine Weile sich aufgehalten und also diese Stadt in Augenschein genommen, folgenden (Tages) mit seinen Völkern hinweggezogen.«
Aus »Nachrichten aus dem 30j. Krieg«, Aufzeichnungen des Buxtehuder Bürgermeisters Henrich Strüver

Von der Fabrikstraße, jetzt Hauptstraße, ging es an der 350 Jahre alten Linde vorbei zur Papierfabrik und zum Mühlenteich

Um 1900 standen »Am Eichholz« noch rund 300 alte Bäume

Das Kloster gab der Stadt den Namen
In der Papierfabrik wird jetzt Obst ausgequetscht

1782 war Buxtehude eine Insel, nur durch drei Brücken mit dem Umland verbunden (Bild aus dem Heimatmuseum)

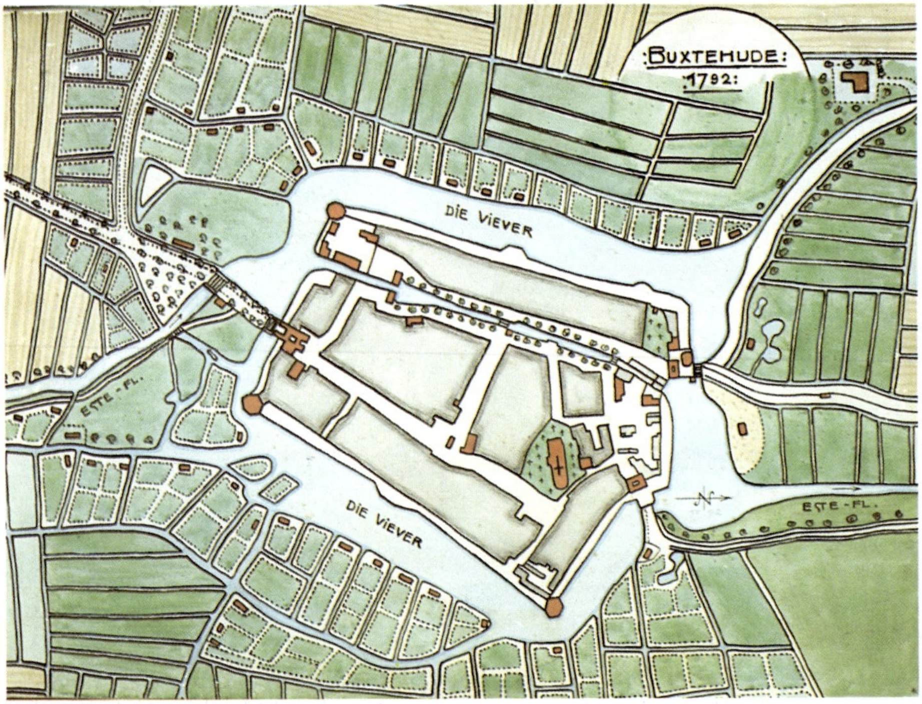

Winter'sche Papierfabrik.

Im Jahre 1277 hatten die Nonnen im Kloster Buxtehude ihren Probst Friedrich gewählt, in dessen achtem Amtsjahr die neue Stadt gebaut wurde. Einen eigenen Namen hatte der tüchtige Erzbischof Giselbert Brunckhorst damals für diese neue Stadt im Moor an der unteren Este noch nicht. Sie stünde heute als Neustadt a. d. Este mit 44 anderen Neustädten Deutschlands im Postverzeichnis, wenn nicht das Kloster Buxtehude gewesen wäre. Es mußte das Land hergeben, »dar des Closters Kühe gingen«, also die Klosterweiden, sowie die Moorflächen, unter denen Torf für die Klosterheizung gegraben wurde, kurz das ganze, allerdings sumpfige Ödland, das für die Anlage einer Stadt und ihr Umland benötigt wurde. Zwei Jahre später vereinbarte Giselbert mit dem Kloster eine großzügige Entschädigung. Wie aber der Name des Klosters auf die Stadt übergegangen ist, kann man nur erraten; denn noch fünf Jahrzehnte hieß sie in vielen Urkunden die »neue Stadt bei dem Kloster Buxtehude«.

Die Neustädter bauten Wohnhäuser aus Holz mit Dächern von Reet, ein Rathaus und die Petri-Kirche aus Backsteinen und zwei Mühlengebäude aus Fachwerk. Zuvor schachteten sie im Rechteck um das Stadtgebiet herum den über einen Kilometer langen Wassergaben, den Viver, aus. Erst nach zwei Menschenaltern verlieh Erzbischof Burchard von Bremen laut Urkunde vom 5. Juli 1328 »Unseren Bürgern in Unserer neuen Stadt bei dem Dorf Buxtehude« das gleiche Stadtrecht wie Stade.

Der Name »Buxtehude« kam dem Kloster ganz allmählich abhanden. Als im Jahre der Buxtehuder Stadtgründung die Nonnen des Benediktinerklosters Neuenkirchen an der Luhe nach Bredenbeck umzogen, bekam diese Wohngemeinschaft zur Unterscheidung vom hundert Jahre älteren Klo-

ster Buxtehude den Namen Neukloster. »Neustadt« bei Buxtehude zog bald alles an sich: nach dem Grund und Boden des Klosters auch dessen Handwerker und schließlich den Namen. Für die Anlage der Moorstadt wurden Holländer angeworben. Die Auswanderung vom Kloster in die Stadt war so gründlich, daß in »Altkloster« schließlich außer dem Nonnenkloster nur noch ein halbes Dutzend Gebäude erhalten blieben: die Kornmühle und die Papiermühle, das Gasthaus Beckstein und das Waldschloß in der Hauptstraße, das Vorwerk am Klosterhof und die (1851 abgebrochene) Schmiede. Noch um die Mitte des 18. Jahrhunderts gab es in Altkloster weniger als 100 Einwohner. Die Kirche als letztes Klostergebäude war abgebrochen worden, die letzte Nonne gestorben, das Kloster war Geschichte.

Ein neues Kapitel begann. Die wirtschaftliche Rolle des Klosters nahm die Papiermühle ein, in der nachweislich seit 1622 nach alter Handwerksart handgeschöpftes Büttenpapier gemacht wurde.

1816 erwarb der Hamburger Kaufmann Johann Hinrich Winter, dessen Vorfahren Gastwirte und Vögte in Estebrügge gewesen waren, die Papiermühle aus dem Kon-

Die Wintersche Papierfabrik auf einer Zeichnung um 1845

Auf einer Urkunde für den Papiermachermeister Josef Pezetta: Handarbeit des Schöpfgesellen für Büttenpapier

kurs des Erbzinsmannes August Ludwig Steffen und übergab sie seinem Sohn Johann Asmus. Mit seinem Namen ist die Entwicklung der Wasserpapiermühle zu einem führenden Unternehmen der Papierindustrie im deutschen Kaiserreich verbunden. Er führte um 1845 die erste Papiermaschine aus Paris ein, sieben Jahre später eine zweite aus Zürich mit 150 cm Bandbreite. Finanzierungsschwierigkeiten machten die Umwandlung in eine Aktiengesellschaft (1865) notwendig, deren Vorstand Sohn Otto Christian wurde. Auf dem Höhepunkt der »Winterschen Papierfabriken AG« war er Vorsitzender des Vereins deutscher Papierfabrikanten (1878–82).
1887 wurde eine der ersten Strohstofffabriken Deutschlands in Altkloster aufgebaut und im Monat 125 Tonnen Stroh zu weißem Strohstoff verarbeitet, der die knapper werdenden Lumpen ersetzte. Und es wurde die dritte Maschine mit 210 cm Bandbreite aufgestellt. Die Aktiengesellschaft mit Werken in Wertheim bei Hameln und Niederkaufungen bei Kassel war mit sieben Papiermaschinen zeitweise der größte Konzern in Deutschland. 1882 schieden die beiden Söhne des Gründers, Otto Christian und Heinrich Winter, nach Konkurs aus dem Unternehmen aus, das aber nach einem Zwangsvergleich weitergeführt wurde. Technischer Leiter wurde Ferdinand Kück, dessen Vater schon eine Papiermühle in Staersbeck bei Moisburg hatte. (Ferdinands Sohn Eduard wurde Papierverbraucher: Dr. Eduard Kück, Professor in Berlin, gab Bücher zur Niedersächsischen Volkskunde und ein plattdeutsches Wörterbuch der Lüneburger Heide heraus.)
Im Kriegsjahr 1917 brach in der Fabrik ein Großfeuer aus. Die Gebäude wurden neu aufgebaut, die Fabrikation begann wieder, aber 1926 mußte die AG Konkurs anmelden. Auf einen Schlag wurden in der Industriegemeinde 300 Männer und Frauen arbeitslos.
Mehr als das Kloster hat die Papierfabrik den Ort Altkloster geprägt. Ihre Gebäude erstreckten sich am ganzen Nordufer des Mühlenteiches. Statt Papier wird dort jetzt Obst gepreßt: Auf dem Gelände der Papierfabrik verarbeitet eine Großmosterei (Deutsche Granini) Altländer Obst zu Apfelsaft und Südfrüchte zu Fruchtnektaren. Das weiß abgebretterte »Herrenhaus«, in dem Johann Asmus Winter mit seiner Familie bis zu seinem Tode 1880 wohnte, steht noch, auch das zweigeschossige Verwaltungsgebäude. Im »weißen Haus« an der Hauptstraße haben zeitweise 50 bis 60 Arbeiterinnen gewohnt, die aus Ost-Galizien und Böhmen kamen. Dieses zweigeschossige Wohnheim stand an der Stelle des jetzigen Penny-Marktes an der Ecke Hauptstraße und Klosterhof.

Sohn Johann Heinrich (1823–82) war mit seinem Bruder Otto Christian Nachfolger

Johann Asmus Winter (1787–1880) baute die Papiermühle zur Fabrik aus

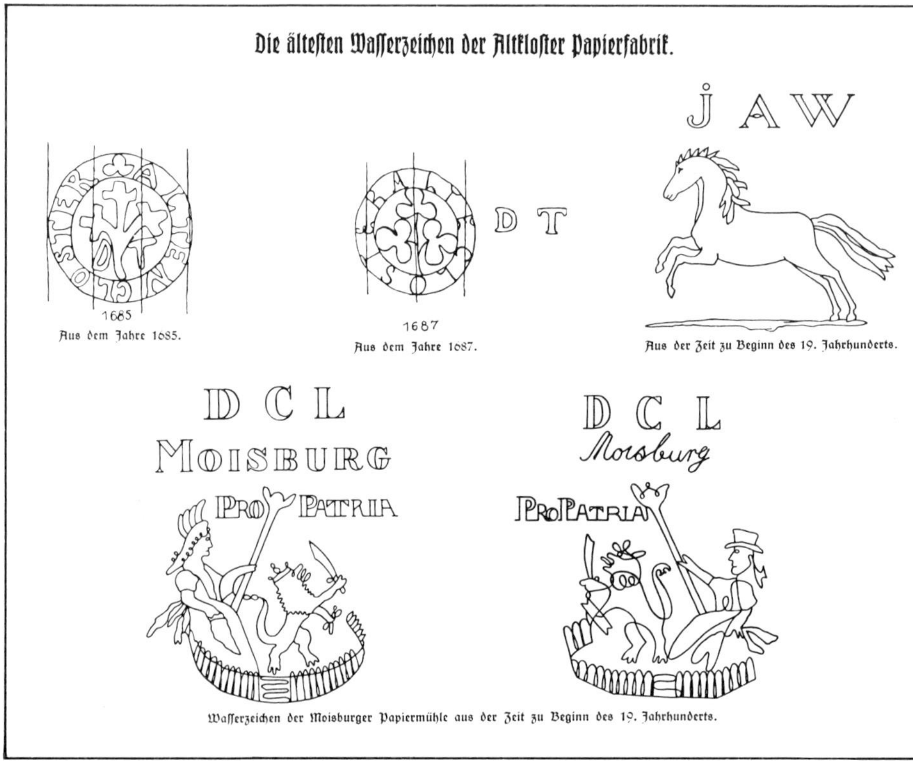

Die Fabrikanlagen aus der Vogelschau um 1910 (Bild oben)

Auf den Grundmauern der Papierfabrik steht heute die Großmosterei, das weiße Wintersche Wohnhaus blieb erhalten

An der Westseite des Klosterplatzes, im »Bodemannschen Haus«, wurden die Kinder von Altkloster unterrichtet, bis Familie Winter der Gemeinde den Platz für einen Schulbau am Eichholz schenkte.
Die kleinen Wohnhäuser zwischen Hauptstraße und An der Rennbahn sind Arbeiterhäuser aus der Fabrikzeit. Man sieht ihnen den bescheidenen Stil der Bauzeit kaum noch an.
Der Friedhof an der Stader Straße wurde mit dem Familiengrab Winter/Wachenfeld begründet: Verwitterte Grabsteine, rostige Eisenkreuze hinter schmiedeeisernem Gitter tragen Namen, die für ein Jahrhundert Industriegeschichte an der Este stehen. Nach dem Ausscheiden aus der Papierfabrik bestand der Name Winter in der Lederfabrik fort: Enkel Otto Asmus Winter heiratete Margarethe Wachenfeld, die nach seinem Tode 1934 ihr Sommerhaus »Wachenfeld« am Obersalzberg an Hitler verkaufte.
Die Schönheit des alten Waldgebietes Neukloster Forst wurde nach dem Eisenbahnbau 1881 erst richtig entdeckt. Damals entstand das Villen- und Wohnviertel Stader Straße mit Gartenhäusern im Stil der Gründerjahre und des Jugendstils um 1890/1900 sowie Ausflugslokale wie die »Waldburg« (heute Kreisaltersheim), »Pilgersruh«, »Café Port«, Restaurant »Hoheluft«.

Eine neue Siedlungswelle überschwemmte das 1932 nach Buxtehude eingemeindete Altkloster nach 1939. Flüchtlinge aus Ost- und Westpreußen, Danzig, Pommern, Schlesien, Böhmen und ausgebombte Hamburger verdoppelten die Einwohnerzahl. Der mit Eichen bewaldete Bullenberg und die Forstabschnitte östlich der Stader Straße wurden mit Eigenheimen und Miethäusern bebaut. Der Zuzug aus Hamburg ließ Buxtehude in den 50er und 60er Jahren weiter um jährlich tausend Einwohner wachsen. Neue Siedlungen entstanden in der »Kellerkuhle« und in »Klein-Jerusalem«, das um 1900 noch ein Heidetal war.
Die Industrie stärkte die Wirtschaftskraft. Vor 90 Jahren wurde auf dem »Galgenberg« eine Brauerei gebaut. Als während der Cholera-Epidemie in Hamburg der

Von hier reisen Buxtehuder Nudeln ins In- und Ausland

Kalksandstein von der Geest Konkurrenz der Backsteine

Obstbauern in der Großmosterei; aus ihren Äpfeln wird »flüssiges Gold« gepreßt

Biergenuß zurückging, mußte die Gesellschaft Konkurs beantragen, aus dem der Harburger Brauer Albert Bostelmann den Betrieb erwarb und bis nach dem ersten Weltkrieg weiterführte. Seitdem wurde der »Brauereiberg«, vor 200 Jahren noch Gerichtsstätte, zum »Nudelberg«: Zuerst begann der frühere Besitzer der Flethmühle, Senator Friedrich Hastedt, Sproß einer Harburger Brauerfamilie, die Nudelmacherei; seit 1936 versorgen Birkel-Lastzüge Norddeutschland mit Eierteigwaren aus Buxtehude.
Am Waldrand im Westen stellt eine amerikanische Firma automatische Münzprüfer (National Rejectors) für Länder diesseits des Atlantik her. Am Geestrand im Osten wird der Eiszeit-Sand abgebaut und zu Kalksandsteinen verarbeitet. Hier hat die Claudius Peters-Este GmbH ihr Herstellungswerk für Förderanlagen mit weltweiter Ausfuhr. Benachbarte Betriebe ergänzen die Buxtehuder Produktionspalette mit kosmetischen Markenartikeln (Elida-Gibbs) und Spirituosen (Aquavit Malteser-Kreuz aus Werk II der Danisco De Danske Spritfabrikker Berlin). Hier liegt das Auslieferungswerk einer Hamburger Importfirma für Markenspirituosen, Mineralwasser (Schweppes) und Delikatessen (Charles Hosie Import GmbH) sowie die Kunstharzfabrik (Synthopol Chemie Dr. rer. pol. Koch).

Die meisten dieser Unternehmen kamen nach 1945 aus Hamburg nach Buxtehude. Ähnliche gewerbliche Einwanderungen hat es auch im frühen 19. Jahrhundert schon gegeben, als ein Zweig der Hamburger Seifenfabrikanten-Familien Luetken und Kähler nach Buxtehude übersiedelte. Der Austausch an Betrieben und tüchtigen Menschen zwischen Buxtehude und Hamburg war auch in vergangenen Jahrhunderten immer im Fluß. Der größte Zustrom nach Hamburg kam immer aus dem niedersächsischen Süderelbien. Buxtehuder wurden in Hamburg Bürgermeister und Ratsherren. Nur an seinem Namen gibt ein berühmter Komponist zu erkennen, woher seine Vorfahren vermutlich kamen: Dietrich Buxtehude (1637 bis 1707).

Freizeit in guten Händen – Flohmarkt zur Buxtehuder Woche in der Hauptstraße

Baden und Aalen im Heidebad Estetal

Im In- und Ausland gern gesehen: Fanfarenbläserinnen vom Schützenverein Altkloster vor der »Lüneburger Schanze«

HOLSTEN
STADT
BUXTEHUDE

Der Reit- und Fahrverein Buxtehude lud ein zur Hubertusjagd hinter der Niedersachsenmeute durch das herbstliche Estetal

Birken säumen Wagenspuren durch das Buxtehuder Westmoor

Älteste Stadtansicht (1674)
vom Kupferstecher von Hensbergen

Auf dem »Viver« konnte man rings um die Altstadt schippern

2000 Schritte genügen für einen Rundgang um das 700 Jahre alte Buxtehude, ein Spaziergang fast ohne Autolärm, im Grünen und immer an Buxtehudes Viver entlang, der die Stadt umschließt. Was Viver ist? Klingt wie ein Fremdwort, gibt es auch in ganz Deutschland nicht ein zweites Mal. Nur in Holland, mitten in den Haag, segeln weiße Höckerschwäne unter den Mauern des Moritzhauses und des Binnenhofes auf einem Gewässer namens Vijver. Aus dem lateinischen Vivarium (Fischbehälter, Gehege) wurden althochdeutsch Wiwari und neuhochdeutsch der Weiher. Nach Buxtehude kam der Name über französisch vivier und niederländisch vijver als untrüglicher Beweis dafür, daß Holländer das Gewässer angelegt haben. Der Viver ist nicht nur Stadtgraben, sondern auch Stausee.
Der Rundgang kann am Stadtpark beginnen. Der Viver ist hier ein See in Dreieckform. An seinem Nordufer liegt eine weiße Villa mit Türmchen (Baujahr 1853). Dort war einst der Amtshof, in dem der Vogt des Mühlenamtes residierte. 1873 übernachtete in der Villa des Senators und Seifenfabrikanten Julius Cäsar Kähler der alte Kaiser Wilhelm I., als er Buxtehude, das irrtümlich sein 600. Geburtsjahr feierte, anläßlich eines Manövers auf den Heidehügeln bei Immenbeck besuchte. Der See ist Teil der Este, deren Stadtdurchfluß sich vor dem Wehr der Stadtmühle staut und hinter der Mühle als Fleth zum Hafen fließt. Der linke Arm gehört schon zum Viver, der Stauweiher ist und daher auch bei Ebbe Wasser genug führt. Der Weg am Westufer heißt Viverdamm, die Uferstraße gegenüber »Hinter dem Zwinger«. Links liegen die Gärten der Innenstadtbewohner, die »Vivergärten«.
Die mittelalterlichen Buxtehuder hatten noch keinen Rundweg, sie konnten die Stadt nur auf Wasserfahrten vom Viverkahn besichtigen. Die breiten kastenförmigen schwarzen Kähne trugen die Bürger mit ihrem Gartengerät, mit Kleinvieh, Saat, ja mit Kühen ans andere Ufer und mit Früchten und Gemüse zurück. Damals war der Viver 20 Meter breiter und bespülte die (1682 abgebrochene) Stadtmauer. Kleine Stichstraßen, die vom Viverdamm in den neuen Stadtteil Sagekuhle führen, erinnern an Professor Hermann Hosäus, den Berliner Bildhauer, der das Ehrenmal am Petri-Turm schuf, und den Maler Louis Gurlitt, dessen Mutter, Helene Gurlitt, geborene Eberstein, aus Buxtehude stammt. Beide verbinden Kindheitserlebnisse mit Buxtehude und seinem Viver. Hosäus machte seine ersten Männchen aus Ton, der bei der Portland-Cementfabrik von 1852 lagerte. Gurlitt sah einst zu, wie sein Onkel Eber-

stein, der Schmied, bei der Hänseltour der Schützen sein »schwarzes Rott«, das ihm bedingungslos Gefolgschaft gelobt hatte, mitten durch das Fleth führte.

An der Nordwestecke des Vivers steht der letzte der einst fünf Buxtehuder Zwinger, ein Wehrturm in der Stadtmauer mit fast zwei Meter dickem Gemäuer. Der Rundturm verdankt seine Erhaltung bis heute dem Heimatverein. Er steht zwar im Moor, aber auf Baumstämmen, Eichenbalken und Findlingen und ist – nach der Inschrift eines Sandsteinreliefs – ebenso alt wie die Schützengilde: von 1539.

Ein Wehr reguliert den Wasserfall aus dem Viver in den Estehafen. Bis zum Ende des 18. Jahrhunderts trieb die Wasserkraft hier eine Walkmühle, in der Wollgewebe zu Tuch und Schafhaar zu Filz gewalkt wurden für die Buxtehuder Tuchfabriken und Hutmacher. Neben dem Zwinger stand bis 1850 das Marschtor, das ursprünglich auch Holländertor hieß: Durch das Marschtor führte der Weg an der St. Annen-Kapelle vorbei nach Estebrügge und den anderen Holländersiedlungen im Alten Land.

Hinter dem Tor lag die Liebfrauenkirche, in der vermutlich der Buxtehuder Marienaltar Meister Bertrams von Minden gestanden hat, den Alfred Lichtwark als Leihgabe nach Hamburg in die Kunsthalle holte. Zahlreiche Wallfahrer verehrten in dieser Kapelle das »Marienbild«. Der Kirchenvorstand durfte mit bischöflicher Erlaubnis allen Pilgern für den Besuch des Kirchleins »Unserer Lieben Frauen« ein Bleisiegel und 40 Tage Ablaß gewähren.

Der heutige Schützenhofweg führt in den modernen Stadtteil Sagekuhle und nach Dammhausen. Er endete früher vor dem Festlokal der Schützengilde. 1981 wurde er über einen Teil der alten Hafenfläche mit einer Brücke über die Este verlängert und ist jetzt Teilstück der Hauptverkehrsachse zur Entlastung der Altstadt.

Der Estehafen war einst bedeutend größer als jetzt. In Buxtehudes Hansezeit (ab 1369) füllte ihn der Mastenwald der Segler, die auf ihre Ent- oder Beladung im Fleth warten mußten. Unter Protest vieler Bürger erlaubte der Magistrat um 1850 dem Engländer William Dawson, auf einer aufgeschütteten Insel mitten im Hafen eine Porzellanfabrik zu errichten. Steingutteller mit seinem Prägestempel sind noch im Museum zu besichtigen. Das Werk konnte nicht bestehen, weil der Ton aus England importiert werden mußte. Der Hamburger Kaufmann J. F. Krogmann ließ auf der Insel dann Bleiweiß herstellen. In den Gebäuden wurden gegen Ende des Jahrhunderts die noch bestehende Buxtehuder Malerschule und die 1939 eingegangene Musikschule Stoltenberg eingerichtet.

Krogmann war auch Teilhaber einer der ersten deutschen Fabriken für Portland-Cement, die sich 1852 aus der Kalkbrennerei Brunckhorst und Westphalen entwikkelte und einging, weil der Transport der Rohkreide von Lägerdorf bei Itzehoe zu teuer war. Am Westufer des Hafens lagen früher die beiden Schiffswerften der Brüder Bröhan, in der seegehende Segelschiffe gebaut wurden. An diesem Platz steht die stillgelegte Mühle Kattau-Meyer, eine der Großmühlen, die in der Stadt der Gerber und Müller entstanden, als es in der Altstadt zu eng wurde. Nur die beiden uralten Wassermühlen am Fleth konnten an Ort und Stelle zu einer mehrgeschossigen Schrotfabrik ausgebaut werden.

Ans Westufer des Hafens verlegte der Kornhändler und -brenner Gründahl seinen Mühlenbetrieb. Er entstand aus dem

Einst Heuwagen, Viehtransporter, Personenfähre zu Vivergärten und heute ganz von der Bildfläche verschwunden: einer der letzten Viverkähne

Buxtehude – ein Wintermärchen:
Westviver mit Altstadt und Petri-Turm

Gebäude einer älteren Ölmühle und ist heute noch in Betrieb.
Zahlreiche Gerber betrieben ihr Handwerk hinter ihren Häusern in der Altstadt, einige nutzten den Abbruch der Stadtmauer und die Zuschüttung des Vivers um 20 Meter im 18. Jahrhundert zur Errichtung fabrikmäßiger Gerbereien. Der Lohgerber Wachenfeld zog nach 1830 vom Westfleth nach der Bleicherstraße um und gründete dort die Buxtehuder Lederfabrik, die erst nach 1945 ihren Betrieb einstellen mußte.
Im großen Estehafen wurden auch im 19. Jahrhundert, ehe Eisenbahnen und Lastautos fuhren, Güter für Buxtehuder Industriewerke umgeschlagen. Die Papierfabrik bekam aus Holstein Schiffsladungen mit Stroh für die Zellstoffgewinnung und verschiffte ihre Fertigwaren. Baustoffe und Backsteine aus Altländer Ziegeleien, Rinderhäute aus Südamerika und Gerbholz aus Schandau in Sachsen für die Lederfabrik wurden im Hafen ausgeladen.
In der Zeit der Rad- und Schraubendampfer nahm der Personenverkehr nach Hamburg so stark zu, daß am Hafen ein »Fährhaus« und ein »Hafenhotel« entstanden. Der 1838 in London gebaute Raddampfer »Primus« und die »Este« verkehrten seit den 50er Jahren zwischen Buxtehude, Cranz, Altona und Hamburg – Stammväter der Estedampfschiffahrt, die erst vor zwei Jahrzehnten von der Hadag (Hafen-Dampfschiffahrtsgesellschaft) Hamburg übernommen wurde. Die Estedampfer hatten auf den Schornsteinen im blauen Ring die gekreuzten Schlüssel des Buxtehuder Stadtwappens, abgeleitet von der himmlischen Schlüsselgewalt des heiligen Petrus und des Bremer Erzbischofs. Kiepenbauern von der Geest fuhren mit ihrer schweren Rückenlast nach Hamburg, Kleinvieh wurde in Verschlägen an Deck genommen, die Fahrgäste drängten sich zwischen Obstkörben und Hühnern.
Raddampfer »Primus« fand ein trauriges Ende, als er 1902 mit fast 200 Fahrgästen an Bord vor Nienstedten auf der Elbe nachts mit einem Hapag-Seeschlepper zusammenstieß. Bei der nächtlichen Kollision ertranken 103 Menschen, zum größten Teil Sänger des Eilbeker Männerchores »Eintracht« mit ihren Familien.

Hafenansicht von Norden vor 1853 mit Ölmühle, Kalkbrennerei und Barockturm St. Petri

Hafen mit Mühle Gründahl und Malerschule um 1930

Auf dem Rundgang kommen wir über die Hafenbrücke nach dem Ostviver. Der einst breite Stadtgraben ist in den Jahren nach dem letzten Krieg für den Bau einer Entlastungsstraße verengt worden. Für den Durchgangsverkehr sind danach zwei weitere Straßen durch das Ostmoor gelegt worden: die Konrad-Adenauer-Allee und 1982 die »Hansestraße«. Diese beiden Straßen umschließen und erschließen den im Werden begriffenen neuen Stadtteil »Brunckhorstsche Wiesen«. Ein kleiner künstlicher See und ein Wassergraben werden vom Ostviver gespeist, sie sind der Rest des kilometerlangen Grabennetzes, das einst die jenseits des Vivers gelegenen Gärten der Bürger durchzog und Besucher, die es auf den flachen Viverkähnen befuhren, an Spreewaldfahrten erinnerten.

Eine bis zu zwei Meter tiefe Moorschicht hatte Bauherrn und Baulöwen bis zuletzt davon abgehalten, diese altstadtnahen Flächen zu besiedeln. Vor 50 Jahren wurden Häuser westlich der Bahnhofstraße noch auf Pfählen gegründet. Jetzt wird der

Die Stadt von Norden um 1860 mit den Raddampfern »Primus« und »Este«

Moorboden ausgebaggert und durch Sand von der Geest ersetzt.
Für die Altstadt wendet sich diese siedlungsfeindliche Moorlage dadurch zum Vorteil. Die Bewohner der neuen Stadtteile erreichen das Zentrum in wenigen Gehminuten: die Verwaltung, die Banken, die zahlreichen gemütlichen Gaststätten und schließlich die vielen zum Teil über hundert Jahre alten Fachgeschäfte. Zusammen mit dem großen Haus Stackmann, das sich als mächtigster Baublock aus der Altstadt bis an den Rand gedrängt hat, machen sie aus der Stadt im Viverring einen fast geschlossenen Einkaufsmarkt.
An der Bahnhofstraße, die sich zum Leidwesen älterer Buxtehuder aus einer Gartenhaus-Allee zu einer reinen Geschäftsstraße entwickelt hat, haben sich weitere Kaufhäuser bis zur Bahnhofsnähe angesiedelt.
Ein wirtschaftlicher Schwerpunkt bildete sich am Südende der Viverstraße heraus – mit Kaufhäusern, Geschäftsbauten und dem Busbahnhof im Verkehrsschnittpunkt. In der Flucht der kurzen Südseite der einstigen Stadtmauer verband ein Viverarm noch bis vor 30 Jahren Ost- und Westviver. Er wurde zugeschüttet und erhielt nach dem alten Haupttor den Namen »Am Geesttor«. Mit einem Holzdamm, der später Steindamm und im 18. Jahrhundert eine mit Bäumen bepflanzte Allee wurde, der heutigen Bahnhofstraße, überbrückten die Stadtgründer das einst unbegehbare Moor.

Im Zeitalter der Postkutschen und von Pferden gezogenen Frachtwagen ging der Verkehr über diese Allee durch die Lange und Breite Straße am Rathaus vorbei zum Fleth und Hafen und setzte sich auf dem Wasserwege nach Hamburg fort. Bis in die Neuzeit verlief einer der drei Postwege über die Elbe durch Buxtehude ostwärts über Hamburg und Lübeck, westwärts über Zeven und Bremen nach den Niederlanden. Diesen Weg nahmen auch die Ochsentreiber mit ihren Rinderherden aus Dithmarschen und Holstein über Wedel nach Friesland, die den Buxtehuder Fährschiffern und Gastwirten durch vier Jahrhunderte gute Einnahmen verschafften.
Napoleons Bau einer Heerstraße von Bremen nach Harburg unterbrach diesen Verkehrsweg. Als die Franzosen abgezogen waren, ließen die Buxtehuder (1837) zwei Häuser am Schweinemarkt, dem heutigen Petri-Platz, abreißen und eine Straße (Harburger Straße) bauen, um Anschluß über Ovelgönne-Rade an die Bremer Chaussee zu erhalten.

Buxtehude aus der Vogelschau um 1881
links oben die Königliche Baugewerkschule

Der Zwinger am Hafen, Rest der mittelalterlichen Stadtmauer

Die Flethmühle wuchs mit der Stadt zur Großmühle und beherbergt jetzt Geschäfte, Büros, ein Hotel und Restaurant

Die oft von Bränden heimgesuchte Altstadt wurde im August 1911 eine Flammenhölle, als ein Feuer in der Breiten Straße entstand und das ganze Rathausviertel zerstörte. Ein Giebelspruch am Hause Westfleth 35 verkündet stolz, daß es vom Feuer verschont blieb. Aus dem brennenden gotischen Rathaus von 1408 retteten Schüler und Baustudenten das wertvolle Stadtarchiv und Schätze des Buxtehuder Museumsvereins.

In dem 1913 errichteten Rathaus-Neubau wurden eine Wandvertäfelung mit 20 lateinischen Rechtssätzen und Zitaten von Horaz und Cicero aus dem Vorzimmer der alten Gerichtslaube sowie bleiverglaste Kabinettscheiben mit den Namen Buxtehuder Ratmänner und Bürgermeister wiederverwendet.

Das Feuer verschonte auch den »Buxtehuder Schrank« von 1544. Er war vor der Jahrhundertwende an das Hamburger Museum für Kunst und Gewerbe verkauft worden und steht dort als Glanzstück eines Renaissanceschrankes aus Norddeutschland. In ihm verwahrte der Magistrat Geld und Urkunden aus Stiftungen wie in einem Safe: Die Doppelschlösser konnten nur von zwei Ratsherren gleichzeitig geöffnet werden.

Die meistgeknipste Häuserzeile liegt am Westufer des Fleths. Der Kanal wird oft mit holländischen Grachten verglichen und war um 1900 noch so romantisch mit Ufermauern aus Findlingen und Baumreihen, wie auf einem Wandbild im Ratssaal zu sehen ist. Inzwischen wurden die Straßen auf Kosten des Fleths verbreitert und die Ufer durch Stahlspundwände abgestützt. Neu angepflanzte Baumreihen und sommerliche Blumenkästen sollen das Auge mit der rostigen Patina versöhnen.

Ein Gasthausschild mit drei Kronen von 1794 erinnert an die Jahrhunderte, in denen fast jedes dritte Haus ein Gasthaus war. Paradestück der Häuserreihe ist der großartige Fachwerkgiebel des Hauses Nr. 35. Hier wohnte der Schlachterzweig der Buxtehuder Schmied-Familie Eberstein.

Der fünfgeschossige Backsteinbau der Flethmühle, vor dem Binnenschiffe noch vor einem Lebensalter ihre Getreideladungen löschten, ist zu einem sehenswerten

Ein Giebelspruch am Hause Westfleth 35 (Eberstein) erinnert an den Stadtbrand von 1911

1912 ließ der Seifenfabrikant Julius Cäsar Kähler am Petri-Platz aus einem verfallenden Ackerbürgerhaus ein Museum erbauen

südlichen Abschluß der Flethanlage umgebaut worden. Über den Arkaden mit Läden sind Büros, Wohnungen, ein Restaurant und Hotel.
Dreimal ist das Fleth überbrückt: die südliche Mühlenbrücke führt in die Ritterstraße. Dort hatten Stadtsoldaten und wohl auch die Ritter von Schulte und von Heimbruch ihre kleinen Häuser. Bei der Fisch- oder Kranbrücke in Höhe der Breiten Straße stand früher der Hafenkran. Die Liebfrauenbrücke führt in die Fischerstraße.
Wandbilder im Rathaussaal lassen ahnen, wie gemütlich man einst am Fleth lebte. Ackerbürger, Fuhrleute, Töpfer, Schmiede und Stellmacher ließen Wagen und Gerät auf der Straße stehen. Von beiden Ufern regneten im Sommer Lindenblüten ins dunkle Wasser. Dann rückten die Bürger Bänke und Tische vor die Haustüren und klönten miteinander. »Die Alten rauchten die Pfeife, die Großmütter strickten und stopften Strümpfe bei Petroleumlampenlicht« erinnert sich der Stellmachermeister Emil Pfingsten.
Beispiele gelungener Restaurierung alter Baudenkmale sind die Häuser Fischerstraße 3 und 2. Ein »Verein Fischerstraße 3« bewirkte die Erneuerung dieses mit grotesken Masken und bunt bemalten Schnitzereien geschmückten Hausgiebels von 1553 und seine Nutzung als Gaststätte »Altstadtstuben«. Das gegenüberliegende Lehrerwohnhaus Nr. 2 aus dem 18. Jahrhundert ist jetzt Stadtbücherei.
Schöne alte Fachwerkhäuser stehen auch an der Abtstraße. Hier hatten die Harsefelder Äbte ihr Gästehaus als Zuflucht in Kriegsgefahr (Nummer 6). Für den Heimatverein restauriert, dient es heute als Gaststätte und Kunstgalerie. Bei der Erneuerung wurde ein Balken mit der Inschrift des Erbauers, des Harsefelder Abtes Paridon Korff (1618–28) entdeckt. Schon 1399 hatte Abt Gerlach Schulte das Haus in der bevorzugten Wohnstraße der Geistlichen und Ratsfamilien von einem Buxtehuder Bürger gekauft. Kaiser Maximilian I. (1493–1519), der »letzte Ritter« und populärste Monarch der Habsburger Dynastie, soll im Abthause bewirtet worden sein.

Als das Fleth noch einer holländischen Gracht ähnlich war: Blick von der Kranbrücke nach Norden um 1880

1873 aufgenommen: eines der ältesten Stadtfotos mit Willkommenspforte für Kaiser Wilhelm I. und alter Viverbrücke.

Höckerschwäne, Zeichen städtischer Herrschaft, haben seit Jahrhunderten Gastrecht in Buxtehude. Für die Viverschwäne hatte der Rat einen Schwanenwärter angestellt. Er mußte Kielfedern zum Schreiben beim Bürgermeister abliefern.

Dieses schöne Gasthausschild hing der erste Wirt (Hagemann) 1794 am Hause »Zu den drei Kronen«, Westfleth 23, aus.

Über die Schwierigkeiten des Herzogs Moritz, in Buxtehude Einlaß zu bekommen und warum die Frau des Bürgermeisters als Hexe verbrannt wurde

In einem Hause der Abstraße, das heute nicht mehr steht, weil es 1837 für den Durchbruch zur Harburger Straße abgebrochen wurde, hielt von 1585 bis 1612 ein Herzog ohne Herzogtum – der schöne, groß gewachsene Moritz von Sachsen – eine fürstliche Hofhaltung mit zwölfköpfigem Gefolge und 20 Pferden. Von seinem Haus am Schweinemarkt prozessierte er vor dem Reichskammergericht gegen seine Brüder um die vom Vater zugesagte Erbfolge in Lauenburg und im Land Hadeln. Als sein Bruder Heinrich – der erste evangelische Erzbischof von Bremen, der eine Ehe schloß – auf dem Wege von der Kirche zum Schloß Bremervörde vom Pferd stürzte und starb, besetzte Moritz im Handstreich mit seinen Mannen das Schloß Otterndorf, wurde aber von den Bürgern ausgehungert. Endlos prozessierte der Herzog Ohneland auch mit der Stadt Buxtehude um sein Wohnrecht.

Weil er für den spanischen König Philipp II. Söldner für den Krieg in den Niederlanden geworben hatte, wollten die Buxtehuder ihm das Tor nicht wieder öffnen. Moritz ritt nach Prag und kam mit einem Brief zurück, der das Siegel Kaiser Rudolfs II. (1576–1612) trug und an »Unsere und des Reichs liebe, getreue Bürgermeister und Rath der Statt Buxtehude« gerichtet war. Darin bat der Kaiser, seinem »lieben Oheim und Fürsten, dem hochgeborenen Moriz Einlaß zu gewähren«. Auf dem Weg von Prag nach Buxtehude meldete sich Moritz am 6. Dezember 1592 aus Scharnebeck und bat den Rat um rasche Entscheidung. Darauf mußte der Herzog jedoch Monate warten und dann viele Bedingungen erfüllen: zehn Adlige als Bürgen stellen, seine Hofhaltung auf zwölf Personen begrenzen, seine Un-

tergebenen bei Straftaten dem Gericht der Stadt unterstellen, die Viver-Pforte (Öffnungen der Stadtmauer hinter einzelnen Grundstücken) nicht ungebührlich gebrauchen oder etwa nachts öffnen lassen, kein Kriegsvolk anwerben, was er an Wein, Bier, Lebensmitteln, Hafer gebraucht, bar bezahlen und die Stadt verlassen, wenn der Prozeß beim Reichskammergericht für den Herzog verloren ginge.
Auch sollte der Herzog seine Kleider nicht im Haus nähen lassen, sondern Schneider der Stadt damit beschäftigen. Endlich teilte der Buxtehuder Bürgermeister Johannes Focrelle dem Herzog am 22. April 1593 mit, daß er nach »seiner selbst Gelegenheit sich hierher begeben« könne.
Vor dem Reichskammergericht in Speyer und am kaiserlichen Hof in Prag setzte sich gleichzeitig der spätere Buxtehuder Stadtsyndikus Christoph Schwanemann mit Erfolg für die Erfüllung der Erbansprüche von Moritz gegen seinen Bruder Franz in Lauenburg ein. Moritz lebte dann noch fast zwei Jahrzehnte in Buxtehude. Seine prunkvollen Kostüme, Hosen, Wämser und ein mit seinem Wappen geschmückter Hut wurden noch 260 Jahre im Buxtehuder Rathaus verwahrt und 1865 für 300 Taler an das Welfenmuseum verkauft. Sie sind heute noch im Historischen Museum Hannover zu sehen.
In einer heiklen Rechtsangelegenheit weigerte sich der Rat beharrlich, die Zuständigkeit des Landesherrn, des Erzbischofs von Bremen, anzuerkennen. Ratssyndikus Christoph Schwanemann (1573–1653), der 30 Jahre die Stadt in Rechtsfragen vertrat, behauptete frei und kühn, daß dem Erzbischof keine landesherrliche Hoheit über die Stadt Buxtehude zustehe. Ja, es sei gar nicht wahr, daß die Stadt dem Erzbischof Giselbert ihre Entstehung verdankte. Die Bürger selbst hätten Stadtgraben, Mauer und Zwinger mit großen Kosten unter unsäglichen Anstrengungen selbst gebaut. Als die erzbischöfliche Kanzlei daraufhin spottend entgegnete, warum eine so kleine Stadt wie Buxtehude sich so große Rechte zumessen könnte und ob Buxtehude etwa die Türken aus dem Felde geschlagen oder sich sonstwie berühmt gemacht habe, daß ihr der Kaiser Reichsunmittelbarkeit zugestanden hätte, antwortete Schwanemann lateinisch (übersetzt): »Es tut der Maus ebenso weh wie dem Elefanten, wenn man ihr die Haut will abziehen.«
Schon bevor Schwanemann in Stade zur Welt kam, aber auch noch während seiner Amtszeit gab es allerdings traurige Beweise Buxtehuder Rechthaberei in Hexenprozessen. In Buxtehude wurden nicht nur gewöhnliche »Towersche« (Zauberinnen) verbrannt, hier kam auch die Ehefrau eines der drei Bürgermeister auf den Scheiterhaufen, und nach ihrem Tode entging ein anderer Bürgermeister mit knapper Not der Anklage, mit »Zauberinnen« Umgang gepflogen zu haben.
Im Sommer 1556 waren schon drei Frauen vom »peinlichen Guding« (Strafgericht) der Stadt verurteilt worden. Alle drei hatten im Folterkeller der Frohnerei, die am

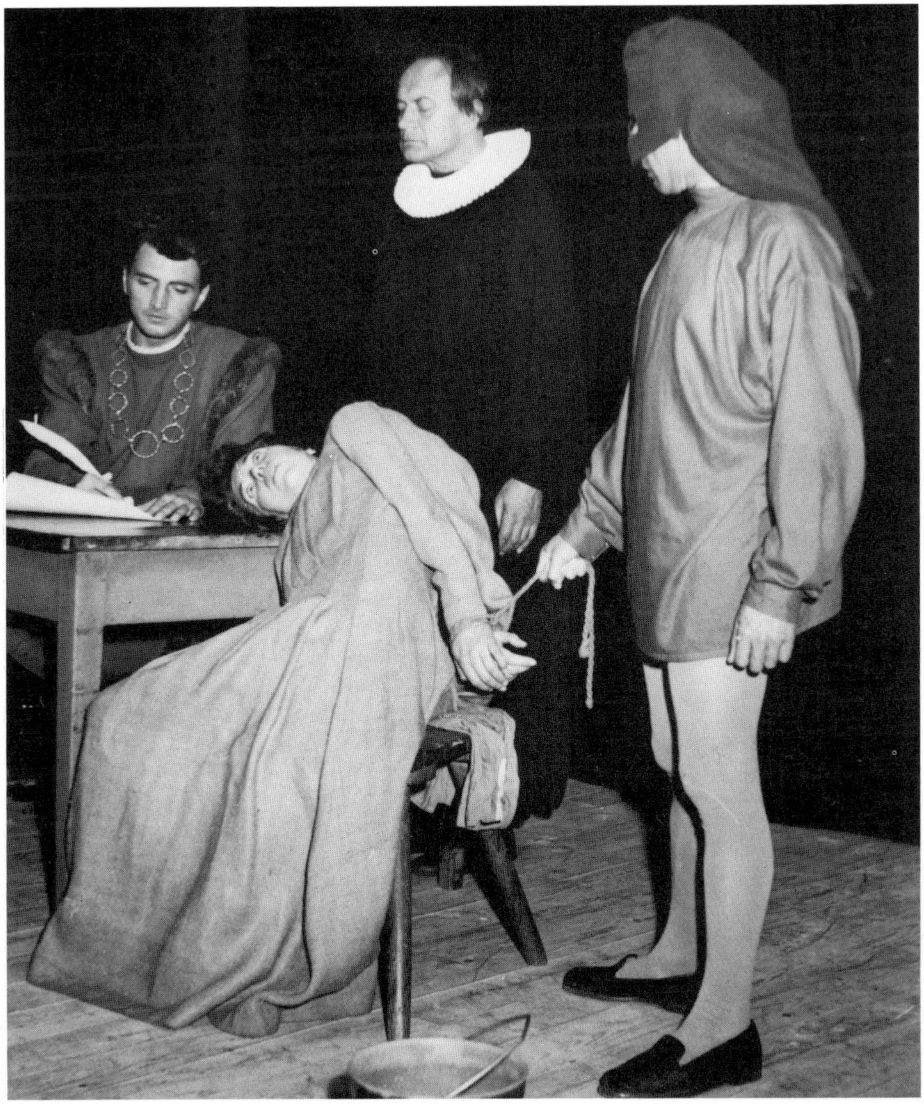

Peinliches Verhör der Bürgermeisterin unter Anklage der Zauberei: Szenenbild der Aufführung des Hausmann-Spiels »Die Zauberin von Buxtehude« durch den Kammerspielkreis Lübeck 1959

Haus Fischerstraße 3 (erbaut 1553)

DE SEGEN DES HEREN MAKET RICK ANE MOVIE!
(Der Segen des Herrn macht reich ohne Mühe)

Das Haus mit der goldenen Sonne im Giebelfeld, Fischerstraße 3, von 1553

Geschnitzte Maulringfratzen, Blumenvasen und Bibelverse zieren diesen schönsten Fachwerkgiebel der Stadt

Hafen (heute Zollamt) war, Margarethe Bicker, Ehefrau des dritten Bürgermeisters, als Mittäterin angegeben. Das bedeutete für diese den sicheren Tod; denn den Marterwerkzeugen der Henkersknechte widerstand selten jemand. Die Kollegen des Bürgermeisters Segebade Bicker, Jacob Radeleves (ältester Bürgermeister) und Felix von der Hoyen, ließen eisige »Gerechtigkeit« walten und keine Milde erkennen. Daß sich der Propst des Klosters, adlige Verwandte und einflußreiche erzbischöfliche Beamte für die Bicker verwendeten, schadete ihr bei dem selbstbewußten Rat eher, als daß es ihr half. Die drei »Hexen« hatten ausgesagt, die Bickersche habe sie unterwiesen und den Teufelstanz angeführt: »de was by dem flete her gekamen vor Heyn alberdes Huse aver und aver de Viskebrügge unde vorth umme den orth nha der molen gedansset«, hieß es im plattdeutschen Gerichtsprotokoll. (Sie waren vom Fleet von Hein Alberts Haus her gekommen und über die Fischbrücke nach der Mühle getanzt.) Die Bicker erfuhr von den Aussagen und flüchtete heimlich mit ihrem Wagen aus der Stadt zum Bruder ihres Mannes, dem Richter der Börde Beverstedt, nach Altluneberg. Im Herbst aber hielt es sie dort nicht länger, sie kehrte in die Nähe der Stadt zurück, ins alte Kloster, wo sie bei Propst Wytt Chrumer vor dem Zugriff des Stadtgerichts sicher war. Inzwischen gaben sich Domherren, Dekane, Pröpste und Vertreter des Erzbischofs die Türklinke zum Buxtehuder Rathaus in die Hand. Was sie erreichten, war eine Übersendung der Akten zur Begutachtung an die Universitäten in Leipzig und Magdeburg, die das Gericht nur in seiner Meinung bestärkten. Dennoch ließ sich die Frau, unter Stroh versteckt, auf einem Viverkahn vom Kloster in die Stadt rudern. Beim Zwinger am Marschtor stieg sie aus und ging in ihr Haus. Da dies an einem Sonntag geschah, wurde sie aus Rücksicht auf ihren Mann im Hause an ihr Bett gefesselt und erst am nächsten Tag in die Frohnerei verbracht.

Unter der Folter gestand sie, daß sie von Gott abgefallen wäre, sich dem Teufel ergeben, mit ihm getanzt und ihren Mann betrogen hätte. Sie hätte Zaubertränke

zubereitet und damit am Siechtum eines Mannes mitgewirkt (dessen Frau dafür bereits hingerichtet worden war). Mit anderen Zauberinnen habe sie Leuten die Butter abgehext.
Wie ihre Leidensgenossinnen wurde die Bicker von der Frohnerei am Westfleth, über die Kranbrücke, durch die Breite und Lange Straße zum Geesttor hinausgeführt und auf dem Galgenberg (an der Stader Straße) verbrannt, wie es im Urteil heißt: »Wart also Margrete Bickers sampt Aleken Hedendorpes Den XXVI. Dach Augusti tom Vuere verordeilt und vorbrennt. Godt sy den armen Zelen gnedich und barmhertich. Amen.«
Alter, Herkunft, Charakter und Umgang der Unglücklichen sind nicht bekannt, nur ihr »Fall« ist in Akten überliefert. Manfred Hausmann schrieb danach 1959 ein Schauspiel mit dem Titel »Die Zauberin von Buxtehude«.
Zwei Jahre nach dem Tode der Bicker geriet Bürgermeister von der Hoyen selbst in Verdacht: Er soll, sterbenskrank, Hilfe bei zwei stadtbekannten Zauberinnen in Nottensdorf gesucht haben. Wohl um sich an den Richtern ihrer Kolleginnen zu rächen, redeten sie dem Kranken ein, er sei von den Ratskollegen vergiftet worden. Da kannte nun der ehrbare Rat erst recht kein Erbarmen. Von der Hoyen wurde kurzerhand abgesetzt und prozessierte dann acht Jahre vor dem Reichskammergericht. Eine gütliche Einigung scheiterte, als er sich von Zorn übermannen ließ, einen mit Frau und Kindern vorüberfahrenden älteren Ratsherrn mit dem Beil zu bedrohen.
Die Stapelgerichte für Straf- und Zivilsachen tagten in Buxtehude im Freien vor dem Rathaus »vor dem Stapel« oder der großen Rathaustreppe. Zum Gericht gehörten die beiden Prätoren (Gerichtsherren), der Stadtsekretär, der Vogt des Mühlenamtes, der Gerichtsdiener in Anwesenheit der vier Bürgerworthalter, die Älterleute der Ämter und Innungen und abwechselnd die Bürger aus einem der vier Stadtviertel.
Die Hexenprozesse dauerten auch im 17. Jahrhundert an. Im August und September 1608 wurden noch drei Buxtehuderinnen öffentlich lebendig verbrannt.

Das Haus der Harsefelder Erzäbte, Abtstraße 6, restauriert so wie es vor 350 Jahren gebaut wurde

Vier geschnitzte Apostelpaare füllen den Überstand zwischen Ständern und Hausbalken

»Kleinkunstigel« und »Buxtehuder Bullen« gehören zu den Lieblingstieren von Künstlern

1980 überreichte Ernst Stankovski den ersten Kleinkunstigel an Barbara Thalheim

Nach Einkehr beim »Seuten un Suurn« klettert der Bulle die Deichtreppe rauf

Auf den 18 Tafelbildern des Buxtehuder Altars von Meister Bertram hat der mittelalterliche Maler keine Gelegenheit ausgelassen, den Buxtehudern zu zeigen, wie groß das Tierreich ist. Seitdem spielen viele Tierarten in Buxtehude eine besondere Rolle.

Die 100 Jahre alte Frage, wo denn nun die »lüttje Haide« ist, auf der sich der Wettlauf zwischen dem Swinegel und dem Hasen zugetragen hat, ist beantwortet: Seit einem Menschenalter heißt »Wettloopsweg« ein Waldweg, der von der Kreuzung der Bundesstraße 73 mit der Buxtehude-Harsefelder Eisenbahn durch den Klosterforst – am Wilden Schwein vorbei – zum Gasthaus »Wachtelburg« an der Apenser Straße führt. Diese breite Schneise hieß früher Ottenser Dorfweg: Die Bauern des Geestdorfes holten sich auf diesem Wege den im Frühjahr gestochenen und im Sommer getrockneten Torf aus dem Moor. Auch die Klosterfrauen heizten mit Torf, und zu jedem Hausgrundstück in Altkloster und innerhalb der Buxtehuder Stadtmauern gehörten zwei Stücke Weide und zwei Stücke Moor, die beim Verkauf des Hauses ebenfalls den Besitzer wechselten: das Moor lieferte den Brenntorf, die Weide war fürs Vieh – keiner sollte hungern, keiner frieren. Da die Ottenser Bauern heute Torf nicht mehr stechen, sondern auf den abgetorften Moorflächen ihre Rinder weiden lassen, durften Swinegel und Hase den Weg für sich beanspruchen.

An ganz anderer Stelle hat sich der Igel vor wenigen Jahren eingenistet: Im Abthaus läßt der Verein Buxtehuder Kleinkunst-Igel in jeder Kultursaison rund zwei Dutzend Kleinkünstler, Liedermacher, Kabarettisten und Brettl-Künstler ihr Können zeigen. Die beste Leistung nach Buxtehuder Mehrheitsgeschmack wird mit einer

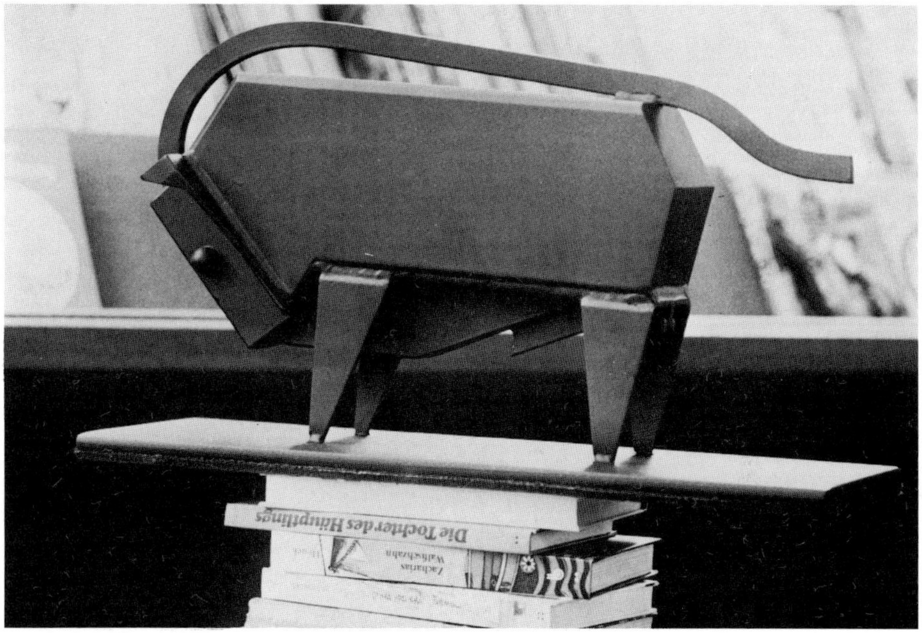

Die gewichtigen Jugendbuch-Bullen schweißte Bildhauer Reinhard Güthling für Bullenstifter Winfried Ziemann

Igelplastik der Buxtehuderin Ruth Albrecht und 5000 Mark bar auf die Hand belohnt.

Der Vorgänger des Igels ist der Buxtehuder Bulle. Buchhändler Winfried Ziemann kam aus Berlin via Rowohlt Verlag mit dem Vorsatz, Buxtehude kulturell zu beleben. Seine Erfindung war ein Preis für Jugendbuchautoren, deren Bücher nicht nur von Eltern und Lehrern, sondern mit gleicher Stimmenzahl auch von Jugendlichen beurteilt werden. Der Kinderbuchheld »Stier Ferdinand« brachte Ziemann den zündenden Einfall, seinen Buchpreis »Buxtehuder Bulle« zu nennen. An zehn Autoren (-innen) aus drei Kontinenten vergab er bisher die eiserne Trophäe und bezahlte den zuletzt mit 8000 Mark dotierten Geldpreis aus eigener Tasche; ab 1982 übernahm die Stadt Buxtehude die Kosten.

Die 23 Pfund schwere Eisenplastik schweißte der Buxtehuder Reinhard Güthling, der als gelernter Werftarbeiter und Schweißer auch nach Feierabend mit Eisenresten und Flamme hantierte und das Glück hatte, seine Kunst im japanischen Fernsehen vorführen zu dürfen. Danach wurde aus dem Berufsschweißer ein Bildhauer.

Buxtehude hat ansonsten zu Bullen keine ausgefallenen Beziehungen. Da gibt es einen Berg, 51 Meter über dem Meeresspiegel, der Bullenberg heißt. Aber solche Namen weisen nicht auf hochgelegene Bullenweiden, sondern auf vorzeitliche Friedhöfe hin. Natürlich gab es für die zahlreichen Rinder auf den Moorweiden einen städtischen Deckbullen zum Dienst an den Kühen der Ackerbürger, damit Nachwuchs auf die »Kälberweiden« kam. Der hatte seinen Stall am »Bollweg«. Aber eher haben die Kühe die Phantasie der Buxtehuder angeregt: Da heißt ein Kegelclub nach der Form des Holzes »Op'n Titt«, eine Gastwirtschaft draußen im Ostmoor gar »To'n seuten Titt«. Aber so hieß der Ausschank nur an Stammtischen: Wenn sie in Stimmung war, entfuhr es der lustigen kleinen Wirtin Doris: »Hebb ick nich 'n lütten zeuten Titt?«

Auch in Neuland wurde keine Milch ausgeschenkt: Hermann Heitmanns Ausschank »To'n Seuten un Suurn« spricht eher für die Vorliebe der Altländer zu süßsauren Speisen: Heitmann verkaufte am Tresen Schnaps, Pfefferminz und Waldmeister, und auf dem Flur Essig in mitgebrachte Flaschen. Kam einer mit der Flasche unterm Arm, wurde er gefragt, ob er 'n Seuten oder 'n Suurn holen wollte.

Weder Süßen noch Sauren begehrte ein Zuchtbulle vom Gut Vogelsang, der vom Schweizer auf dem Wege von der Waage auf der Deichkrone heimgeritten wurde. Beim »Seuten un Suurn« steuerte der Reiter vom Deich herunter direkt an den Tresen und ließ sich und seinem Reittier je ein Helles einschenken, dessen Schaum die Ochsen-, pardon: Bullenzunge aber nur widerstrebend schleckte.

Der Buxtehuder Literatur-Bulle regte allerdings eine enthusiastische Verehrerin seines Stifters zu einem überraschenden Unternehmen an: Nach einer der feierlichen Bullenverleihungen im Ratssaal sah sich Buchhändler Winfried Ziemann plötzlich einem leibhaften Jungbullen Aug in Auge gegenüber. Ein Schlachtermeister hatte das Jungvieh auf Bestellung viele Stufen hinauf in die Treppenhalle bugsiert, wo die Käuferin das vierbeinige Zehnzentnergewicht dem Bullenstifter als Geschenk zuführte. Eine ähnliche Dankesgabe ist sonst nur aus der Theatergeschichte überliefert: Der Schauspieler und Regisseur Gustav Gründgens wurde nach einer Vorstellung in ähnlicher Weise vierbeinig überrascht.

Überhaupt scheinen sich die Bürger dieser kleinen Stadt dafür rächen zu wollen, daß sie unentwegt – ob im Bundestag, im Wahlkampf, in der Presse – als allerletzter Hinterwald herhalten müssen: »so was können Sie in Buxtehude machen, aber nicht mit uns!« Das verpflichtet zu Sonderlichem.

Nichts Böses ahnten Schulmänner in Nord und Süd, als sie in den 60er Jahren das »Buxtehuder Modell« einführten: Ab Unterprima sollte der mündige Schüler seine Schulfächer und Lieblingslehrer selbst aussuchen dürfen und vom Klassenzwang befreit sein. Ob und wo in den Pausen geraucht wird, bestimmen Lehrer und Schüler im »G.A.« (gemeinsamer Ausschuß). Schulschwänzer brauchten keine elterlichen Entschuldigungsbriefe mehr beizubringen. Wer spricht da noch von Hinterwald? An welcher anderen Schule des Landes als an der Halepaghenschule in Buxtehude durfte Rudi Dutschke, studentisches Idol der 60er Jahre, vor vollbesetz-

Tüchtige Ingenieure lernten hier seit 100 Jahren, wie man Häuser, Straßen und Brücken baut: Fachhochschule an der Harburger Straße

ter Aula die Jugend auffordern, die Bundeswehr kaputtzumachen und den langen Marsch durch die Institutionen anzutreten?
Das Bestreben, das Kulturleben zu bereichern und auswärts aufzufallen, ist an der Este groß: nach dem »Kleinkunst-Igel« des Abthauses wählte eine »Aktion Jugendzentrum« nach gelungenen musikalischen Massenversammlungen unter freiem Himmel (open-air-festival) den »Großkunsthasen« als neuen Vereinsnamen.
Bleibendes hinterließ eine »I.G.Kunst« (Interessengemeinschaft Kunst) im Hinterhof des Hauses Enderstein in der Langen Straße 19: Phantasievoll bunt bemalten Freizeitkünstler eine Hauswand mit Szenen aus der Buxtehuder Stadtgeschichte.
Den Gipfel erreichte die Kunstbeflissenheit der Stadt, als sie nach gelungenen »Buxtehuder Wochen« nun auch einen Kunstpreis für Künstler aus dem Norden Niedersachsens ausschrieb und den Gewinner ganz demokratisch in einer Besucherversammlung ermittelte. Nachdem Kunstkenner lange genug erläutert hatten, was Kunst sei und was Kitsch, prämierte die Stadt das hölzerne Standmal, das ein Künstler aus Nordsee-Strandgut symbolträchtig gezimmert hat und der Stadt für 3000 Mark verkaufte. Um es vor unberufenem Zugriff zu schützen, ließ die Stadt das Strandgut als ein Ausrufungszeichen des Künstlers mitten im Fleth vor der Mühle verankern. Im Spiel von Ebbe und Flut regt es Besucher, die es bemerken, zum Nachdenken an.
Da hatten Bauhandwerker, die seit hundert Jahren in Buxtehude zu Architekten und Ingenieuren ausgebildet werden, »handfestere« Einfälle: Eines Tages fand der Direktor der Anstalt, damals noch schlicht Staatsbauschule, heute Fachhochschule Nordost-Niedersachsen, Fachbereiche Architektur und Bauingenieurwesen Buxtehude, die Eingangstür zum Neurenaissance-Schulbau von Anno 1875 zugemauert vor. Als sie dann noch eine Böllerkanone vom Zwinger holten und auf sein Wohnhaus richteten, fühlte sich der Direktor persönlich bedroht und rief nach der Polizei.
Harmloser ulkten Bauschüler am Postneubau: Ein Hamburger Künstler hatte die rote Klinkerwand mit Flächen aus grünlasierten Backsteinen verziert. Eines Tages waren unter das abstrakte Grün Baumstämme gemalt worden.

Meister Bertrams schöne Altäre

Alfred Lichtwark, bis 1914 Direktor der Hamburger Kunsthalle, entdeckte in Buxtehude ein spätgotisches Altarwerk, das zu der Sammlung von Kunstwerken zu passen schien, die er in Hamburg zusammengetragen hatte und die aus der Werkstatt des in Hamburg im 14. Jahrhundert nachweisbaren Malers und Schnitzers Bertram von Minden stammen. Über Bertram schreibt Lichtwark 1905 (Meister Bertram, tätig in Hamburg 1367–1415): »Die Entdeckung des ältesten deutschen Malers und Bildhauers, dessen Namen, Leben und Werk wir kennen, ist reich an überraschenden Wendungen und unvermuteten Glücksfällen.« Das trifft besonders auf den »Buxtehuder Altar« zu, dessen Ursprung und Geschichte im Dunklen liegen. Wo sich die drei Eichentafeln mit den 18 auf Goldgrund gemalten Bildern der St. Annen- und Marienlegende befanden, ist erst für die letzten hundert Jahre bekannt. 1878 hing der Altar neben dem Passionsaltar, der jetzt im Heimatmuseum steht, im nördlichen Seitenschiff der Buxtehuder Petri-Kirche. Seinen Platz nimmt heute der Halepaghen-Altar ein. Mitbegründer der Buxtehuder Altertumssammlung war damals (1874 bis 1907) Pastor Georg Adolf Theophil Höpfner. Er war 1839 in Linden bei Hannover geboren worden und soll nach hartnäckiger Überlieferung ein unehelicher Sohn Kaiser Wilhelms I. (1797–1888) gewesen sein. 1881 übergab Höpfner den aufgeklappt rund vier Meter breiten Altar, der bereits beschädigt war, dem Altertumsverein, der ihn auf dem Rathausboden verwahrte.
Lichtwark schrieb in seinem Werk über Bertram: »Aber nun tauchte in Grabow vor dem Altar Bertrams noch ein anderes Kunstwerk in meiner Erinnerung auf, das ich seit meiner Kindheit und bei der Arbeit über Francke (Meister Fr., 1410 bis 1425 in Hamburg tätig) in der Hoffnung untersucht hatte, daß es auf dessen Entwicklung Licht werfen könnte, das Marienleben im Museum zu Buxtehude. Es war eines der

liebenswürdigsten und reichsten Werke der norddeutschen Kunst vor 1400.« (Neuere Forscher halten die Buxtehuder Marienbilder eher für eine Arbeit aus der Werkstatt Bertrams oder eines seiner Schüler und datieren es zwischen 1390 und 1410.)

Der Marienkult wurde besonders in Nonnenklöstern gepflegt. Der Altar könnte für das alte oder neue Kloster bei Buxtehude gearbeitet worden sein. Es ist bekannt, daß Meister Bertram zu Neukloster besondere Beziehungen hatte und es in einem Testament vom Jahre 1410 bedachte. In Altkloster waren Schutzheilige Maria und Laurentius. Es gab aber auch eine Liebfrauenkapelle in Buxtehude, nahe beim Marschtor. Aus ihr soll ein Kruzifix stammen, das der Heimatverein 1928 an das Bremer Fockemuseum verkaufte. (Mit dem Geld wurde eine Estebrügger Familie entschädigt, deren Mutter 1926 beim Zwinger tödlich verunglückte, als sich ein Sandstein aus dem Gemäuer löste und auf den Fußweg stürzte.) Der Bertram-Altar könnte also auch aus der Liebfrauenkapelle stammen, die schon um 1352 erwähnt wird. Buxtehude, seit 1369 Hansestadt, hatte durch Ratsfamilien auch persönliche Verbindungen zur Hansestadt an der Alster.

Zur Marienverehrung wurde den Buxtehudern 1451 in einem Brief vom Bischof von Verden, Johann III., besonders erlaubt, daß »zur Verehrung der glorreichen Jungfrau Maria früh um Sonnenaufgang, wie es abends um Sonnenuntergang gewöhnlich sei, eine Glocke angeschlagen werden könne, um das Volk zu erwecken, andächtig auf den Knien dreimal den englischen Gruß (Ave Maria...) zu beten, wobei er allen jedesmal einen vierzigtätigen Ablaß erteilt«.

In einer Bischofsurkunde von 1442 ist sogar von einem wundertätigen Marienbilde die Rede, »daß in der Marienkapelle der Stadt Buxtehude die glorreiche Jungfrau sich schon seit vielen Jahren durch Zeichen und Wunder verherrliche und zu dem dort zu Ehren der Mutter Gottes aufgestellten Bilde fortwährend ein wachsender Andrang von Gläubigen Statt finde«. Auf Ersuchen des Probstes vom Alten Kloster gestattete der Bischof den Kirchengeschworenen der Marienkapelle, auf ihre Kosten ein Bleisiegel oder ein Marienbild aus Blei anzufertigen und jedem zur Kapelle wallfahrenden Gläubigen zu geben und ihnen Ablaß zu gewähren, wie Dr. L. M. H. Pape 1842 in der »Kirchenchronik der Stadt Buxtehude« zitiert.

Welchen Eindruck ein solches Marienbild auf Menschen machen mußte, die noch keine Bücher kannten und keine Bilder hatten (kein Kino, kein Radio, kein Fernsehen, nichts Gedrucktes), kann man sich vorstellen, wenn man die vier Meter lange Bilderwand des Buxtehuder Bertram-Al-

Ein Bild vom rechten Flügel des Buxtehuder Marienaltars: Zwei Engel besuchen die ein nahtloses Gewand strickende Maria und verkünden ihr mit Kreuz, Nägeln und Dornenkrone kommendes Leid

Die große Mitteltafel des Bertram-Altars zeigt in der oberen Reihe von links die Begegnung an der Goldenen Pforte, die Geburt, Verkündigung und Heimsuchung der Maria; in der unteren Reihe die Darstellung Christi, Kindermord in Bethlehem, Flucht nach Ägypten und den Christusknaben im Tempel

Ein Bild vom linken Altarflügel:
Anbetung der Könige

tares abschreitet. Es muß für die Menschen von 1450 wie eine Schaubühne gewesen sein: Szenen aus der biblischen Geschichte mit Menschen in Trachten, wie sie in der Hansezeit in Hamburg und in Buxtehude getragen wurden. Diese Bilder luden nicht allein zu frommem Kniefall ein, sie stellten Leben und Kultur der Hansestadt dar und blendeten durch ihre goldene Pracht, die kunstvolle Architektur der Kirchenbauten und die Gewänder. Auf der Tafel von Kana finden sich Gefäße, Kelche, Flaschen, Krüge aus Ton und Glas. Im Bild der Mariengeburt steht ein Tonkrug auf dem Holzfeuer, wie ihn Buxtehuder Töpfer bis ins 19. Jahrhundert aus Lehm geformt und gebrannt haben.

Auf diesem Bild trägt die Hebamme ein weißes Kopftuch über dem weiten Kleid ebenso wie die auf Kissen thronende Mutter der Maria, die heilige Anna. In Haartracht und Kleidung ganz anders die elegant gekleidete Helferin, die der Anna eine Erfrischung reicht. Ihr schulterfreies Kleid aus Goldbrokat ist auf der rechten Seite rot lasiert, auf der linken zeigt es goldene Ornamente auf grünlichem Grund. Über ihre Schultern fallen hüftlange blonde Zöpfe herab, auf ihrem Kopf sitzt ein goldenes Häubchen, das von einem golddurchwirkten Kinnband festgehalten wird: Modenschau Anno 1400. All diese Altarbilder geben eine Vorstellung von der Daseinsfreude der Hansestädter zur Zeit der Renaissance.

Der Dichter Hermann Claudius läßt den Schnitzer und Maler in seiner Novelle »Meister Bertram« (1927) auf dem Wege von Minden nach Hamburg, der eigentlich über Buxtehude führt, ängstlich die Estestadt meiden:

»Ward auf einmal ein groß Geschrei bei der Vorhut. Kam ein Reuter in Hetz angesetzet, bespritzet bis an den Hals. Seim Gaul troff das Maul vor Geifer. Saget meim Herrn an, nicht auf Buxtehuden zu halten, sondern östlich auf Winsen. Ging viel Redens von denen Vitalienbrüdern, und sei ein Hamborger Convoy mit zwölf Stück geschmiedet Geschütz vor der Buxtehuder Bank auf den Sand gelaufen und beraubet.«

Als Schule und »Pension« für ihre ledig gebliebenen Töchter war das neue Kloster bei Buxtehude bei Hamburger Bürgern eine gute »Adresse«. 1445 durfte es ein eigenes Rentebuch in Hamburg anlegen, in das die von Hamburgern den Benediktinerinnen vermachten Renten (Hypothekenzinsen) eingetragen wurden.

Im Jahre 1495 waren zwei Hamburger Bürgermeister Vorsteher des neuen Klosters: Dr. Hermann Langenbeck (Hamburgs berühmter Bürgermeister, von Geburt Buxtehuder und Mündel des Buxtehuder Geistlichen Gerhard Halepaghen) und Hermann Freese. Freese gab dem Kloster

zehn Mark Rente für seine Schwestern Cecilia und Anna, und »Doktor Harm Langenbeke hefft unsem Kloster gegeven 40 mark Renthe pro filia sua (für seine Tochter) Ursula Langenbeke«, heißt es im Verzeichnis der Klosterrenten. Der Hamburger Ratsherr Cordt Moller ließ den Nonnen einen Fischteich in Hedendorf graben. Die Fische waren nur für den Tisch der Nonnen und nicht etwa für den des Propstes bestimmt. Die Ritter Johann und Otto von Borch (von Horneburg) sollten darüber wachen.
Zu den Wohltätern des neuen Klosters gehörte auch Maler Bertram von Minden: In seinem (zweiten) Testament von 1410 vermachte er den »Jungfrauen zu Uetersen und zu Reinfeld je eine Mark, den Jungfrauen im Neuen Kloster bei Buxtehude aber zwei Mark«. Um 1415 soll Bertram gestorben sein.

Nach 500 Jahren ist Halepaghen immer noch spendabel

Das wertvollste mittelalterliche Kunstwerk in der Petri-Kirche ist der Halepaghen-Altar. Der Passionsaltar soll von einem unbekannten Hamburger Meister um 1510–20 gemalt worden sein, der nach seinem Hauptwerk in der Fachwelt als »Halepaghenmeister« gilt. Halepaghens Wappen, ein springendes Pferd mit einer aus einer Wolke gestreckten Hand und die Umschrift »Gerardus halepaghen Magister«, war noch 1878 auf dem Steintisch zu sehen, der das Tafelbildwerk trug. Die Haupttafel und die vier kleineren Bilder der beiden Flügel zeigen die Leidensstationen Christi, auf den Außenseiten der Flügel sind zwei Heiligenfiguren und zwei historische Porträts zu sehen: rechts ein Hieronymus mit dem markanten Kopf des Hamburger Bürgermeisters Dr. Hermann Langenbeck (1452–1517), links steht der Apostel Paulus. Seinen Mantel ergreift ein Kniender in weißer Kutte, dessen Kopf als Porträt des Magisters Gerhard Halepaghen gilt. Er starb 1485 und war Vormund und wohl auch Erzieher seines mit 12 Jahren verwaisten Neffen Hermann Langenbeck.
Die beiden Männer, bedeutende Persönlichkeiten aus Buxtehude, sind auf dem Altar vereint und durch ihn verbunden:

Auf dem Halepaghen-Altar entdeckt: das Bildnis des Buxtehuder Magisters Gerhard Halepaghen

Stiftete den Altar:
Hamburgs berühmter Bürgermeister
Dr. Hermann Langenbeck.
Er war Halepaghenschüler

Der Bürgermeister in Hamburg sicherte seinem Vormund und Lehrmeister mit dem Altar Dank und langes Gedenken.
Der seltene Name Halepaghen ist erst wieder bekannt geworden, als das Gymnasium in Buxtehude den Namen Halepaghenschule annahm. Aufmüpfigkeit bei der Besetzung der Schulleiterstelle, Vorpreschen in Sachen Schülermitverwaltung und der klassenlosen Oberstufe (»Buxtehuder Modell«) haben den Namen der Schule in der Bundesrepublik Deutschland bekannt gemacht. Nicht zuletzt prägt sich der Name dem Ohr ein, weil er sonst fast nirgends vorkommt. Seine altertümliche Schreibweise spricht für die konservative Beharrlichkeit der Buxtehuder, die das Fleth nicht Fleet und Halepaghen nicht schlicht Halepagen schreiben; nur in einer nach Halepaghen benannten Straße fehlt das »h«. Ganz eindeutig sind mittelalterliche Namen ja nie. Der Magister schrieb sich selbst auch Gherd Halepaghe. Sein Vater war der Buxtehuder Bürger Halepaghen und in zweiter Ehe mit der Tochter des Buxtehuder Bürgermeisters Hermann Caveel verheiratet, der die Stadt auf Hansetagen 1426 und 1429 vertrat. (In dem von der Elbe verschlungenen holsteinischen Kirchspiel Asfleth gab es 1390 einen Pfarrer Hinrich Halepaghes.) In seiner Heimatstadt hat sich Gerd Halepaghen vor 500 Jahren ein langes Erinnern bewahrt, als er am 1. Juni des Jahres 1484, knapp ein Jahr vor seinem Tode, die »Halepaghenstiftung« gründete. Sein durch Grundbesitz gesichertes Vermögen, das alle Kriege, Regimente und Währungskatastrophen überdauert hat und bis heute alljährlich Wohltaten zinst: zugunsten der Kirche, der Stadtarmen und der akademischen Bildung begabter Stadtschüler.
Die Bestimmungen des Testaments füllen ein Buch von 250 Seiten. Sie konnten nicht zu allen Zeiten wortgetreu erfüllt werden. Wenn die Vollstrecker es dem Sinne nach tun wollen, müssen sie sich fragen, was Halepaghen heute verfügt hätte. Die Frage, ob er heute lutherisch oder katholisch wäre, ist nicht zu beantworten. Luther wurde zwei Jahre vor Halepaghens Tod geboren. Der Buxtehuder Magister und Vorgesetzte der Vicare (= Stellvertreter) an St. Petri verstand unter Reform eher

Als einziger von vielen mittelalterlichen Altären blieb der des Halephagenmeisters in der Petri-Kirche

eine Rückbildung der Hirten zum wahren Glauben, zu Sittlichkeit und zum Dienst an der Kirche, ein Zurück von sittlicher Entartung. Um die Prediger vor Versuchungen zu bewahren, stattete er sie im Testament so großzügig aus, daß sie gut existieren konnten.

Auch die Mittel, die er für Studenten aussetzte, sollten der Stadt geistliche Seelsorge und juristische Ratsdienste sichern.

Nachdem das Reformkonzil der Kirche in Konstanz (1415) gescheitert war, schlossen sich Benediktinerklöster um die Mitte des 15. Jahrhunderts in Kloster Bursfelde an der Weser zur Bursfelder Union zusammen, um Mönche und Nonnen wieder zu den strengen Ordensregeln des heiligen Benediktus von Nursia zurückzuführen. Im Laufe von Jahrzehnten gehörten der Union fast alle Benediktinerklöster im Norden und Westen des Reiches an, seit 1469 auch 14 Vikare und Priester aus Buxtehude mit Magister Halepaghen an der Spitze und das Alte Kloster. Sie wollten zurückkehren zu einem keuschen und heiligen Leben, wie sie es gelobt hatten. Mit der ihm eigenen Energie und Zielstrebigkeit setzte Halepaghen seine Vorstellungen durch. Man sieht den starken Willen nicht nur dem Porträt auf dem Halepaghen-Altar an: Die Buxtehuder Stadtarchivarin Dr. Margarete Schindler hat nach einer Handschrift Halepaghens ein graphologisches Gutachten anfertigen lassen, das den Charakter dieses Mannes bestätigte.

Nur dann – verfügt Halepaghen in seinem Testament – sollten Geistliche » des Brodtes teilhaftig werden«, das zur Mehrung des Gottesdienstes und zum Seelenheil ihnen und ihren Nachfolgern gestiftet wurde.

Hier war Halepaghen ein Kind seiner Zeit und der Ansicht, daß auch der Gläubige nach seinem Tode eine Zeit im Fegefeuer schmachten müßte, ehe er in den Himmel kam. Dabei konnten ihm seine Hinterbliebenen helfen, indem sie Geld spendeten, damit für die Seelen im Fegefeuer gebetet und Messen gelesen würden. Diese Stiftungen legte Halepaghen gut an: Er lieh Bürgern und vor allem Bauern im Alten Land Geld und entlöhnte von den Zinsen, der Rente, die Geistlichen, die Priester und Vikare der Buxtehuder Kirchen und die Beichtiger der beiden Klöster.

Solche Rentenverträge wurden schriftlich vereinbart und gesiegelt. Eine Urkunde vom 9. Januar 1484 lautet:

»Cord Borchmann im Kirchspiel Hasselwerder verkauft für von Halepaghe, Priester zu Buxtehude, empfangene 30 Mark Hamburger Währung dem Halepaghe und den die Vigilien (Nachtmessen) abhaltenden sechs Priestern der vier Vikarien in der Sankt Petrikirche zu Buxtehude 2 lübische Mark wiederkäufliche Rente von seinen zehn Morgen Landes im Kirchspiel Hasselwerder, zwischen Heyne Wredes und Hanseke Lops Lande, auf denen Halepaghe schon 5 Mark stehen hat.«

Eine andere Urkunde vom 5. August 1483:

»Drewes Loep, Kirchspielmann zu Hasselwerder, wohnhaft zu Nincop, bekennt, der Frau Alheid Halepaghe zu Buxtehude 2 Mark 3 Schillinge jährliche Rente von seinem Stück Landes zu Nincop zwischen Henneke Melyngs und Johann Boyes Land schuldig zu sein, die weiland Heinrich Halepaghe testamentarisch aussetzte. Heyne Halepaghe, Alheids Sohn, bezeugt, daß die Vikare zu Buxtehude jene Rente einfordern und davon jährlich 24 Schillinge für Feuerung im Kleinen Geisthospitale gegenüber der Badestube zu Buxtehude verwenden sollen. Von dem übrigen Geld soll der mit der Verwaltung betraute Vikar 8 Schillinge erhalten. Im Falle der Ablösung der Rente durch 33 Mark Kapital sollen die Vikare das Geld wieder anlegen.« Dieser letzte Satz beantwortet die Frage, wie sich das Vermögen der Stiftung fünf Jahrhunderte hindurch halten konnte. Aus der Urkunde geht hervor, daß der Magister Verwandte unter den Patriziern, den ratsfähigen Geschlechtern, hatte, daß es außer der Kirche zum Heiligen Geist mit Spital am Geesttor ein kleines Hospital gegenüber der Badestube, also am Stavenort, oder beim Spital am Geesttor auch eine Badestube gegeben hat.

Halepaghens Vermögen, das er der Stiftung vermachte, wird auf 4000 Mark geschätzt. Eine Mark wurde damals zu rund einem halben Pfund Silber gewogen. Nach Kaufkraft umgerechnet, wären das heute rund zwei Millionen Mark, die mit fünf Prozent verzinst eine Rente von jährlich 400000 Mark bringen müßten. Um 1900 betrugen die jährlichen Einkünfte der Stiftung rund 3000 Mark, das Kapital wäre entsprechend mit 60000 Goldmark zu bewerten. Halepaghen mahnt seine Brüder, ihre Kleider nicht mit Fuchs- oder Wolfspelz zu verbrämen (höchstens mit Fell von Schafen oder Lämmern), die Kutte fast bis an die Knöchel lang zu tragen und eine saubere Tonsur und kurzes Haar, daß man die Ohren sehen konnte. Sie sollten auch nicht denken, sie müßten mehr (Geld) haben, weil sie mit weniger nicht auskämen, viele Bürger mit fünf und sechs Kindern hätten im Jahre nur 20 bis 30 Mark und müßten noch Steuern davon bezahlen.

Im Auftrage des Bremer Erzbischofs führte Halepaghen 1477 im Neuen Kloster eine Reform durch, der sich alle Nonnen unterwarfen.

Ein Jahr später wurde sein Neffe, der Doktor beider Rechte Hermann Langenbeck, in den Hamburger Rat berufen und kaum 30jährig vier Jahre später zum Bürgermeister gewählt. Vielen bejahrten, verdienten Ratsmännern wurde er als »Butenminsch« vorgesetzt.

Diesen jungen Bürgermeister brachte sein Buxtehuder Onkel Halepaghen in große Verlegenheit. Schon wenige Monate nach seiner Wahl stimmte Langenbeck zu, daß der Magister mit Ratsdelegierten im Auftrage des Bremer Erzbischofs das Zisterzienserkloster Harvestehude an der Alster inspizierte. Der für seinen Reformeifer bekannte Priester löste einen Aufstand unter den wohlhabenden Bürgerfamilien aus, die um das bequeme Leben ihrer Töchter im Kloster bangten. Die Inspekteure wurden beschimpft und bedrängt, und eine namentlich genannte Hamburgerin entblößte vor einem Geistlichen gar ihr Hinterteil und zwang die Herren zum Abzug mit der Beruhigung, es werde nicht reformiert ohne Zustimmung des Rates.

Dieser Klosterbesuch im nahen Hamburg wurde 1483 Auslöser der schlimmsten Revolte in der Hamburger Geschichte, als Mißernten das Korn und Brot teuer und das Geld wertloser werden ließen und das Volk sich über Nachrichten empörte, wonach Kaufleute Getreide aus Holstein und Bre-

Blick vom Kirchenturm auf die Altstadtdächer und das neue Wohnviertel Sagekuhle

men nach Holland verschifften, um dort den dreifachen Preis zu erzielen, während Hamburg hungerte. Für Langenbeck war 1483 das Jahr seiner Bewährung, die er glänzend bestand. Als ihm der Aufstand zu bunt wurde und der Rat jede Macht in der Bürgerschaft verlor, zog er sich zu seinen Verwandten nach Buxtehude zurück. Nach acht Tagen wagte er sich wieder in die Stadt, stellte durch Beredsamkeit und kluge Regie die Macht des Rates wieder her und gewährte den Aufständischen großzügig Gnade vor Recht, als sie den Bürgereid erneuerten.
Harm Langenbeck hatte in zwei Ehen je sechs Söhne und Töchter. Mit den Söhnen starb sein Stamm aus, die Töchter wurden Stammütter der Hamburger Ratsfamilien Rodenborch und Kellinghusen, Ursula Langenbeck Klosterjungfrau in Neukloster.

Als die Schützenkönige noch silberne Vögel und Löffel trugen

Im Denkmalsverzeichnis von Buxtehude gibt es einen Vogel, dessen Alter auf mehr als 400 Jahre geschätzt wird: Der handtellergroße Silberschmuck war ein Wanderpreis, den jeweils der beste Schütze beim Buxtehuder Vogelschießen tragen durfte. Der Silbervogel ist vielleicht so alt wie die Schützengilde der Stadt, die das Jahr 1539 als Gründungsjahr bezeichnet, obwohl es wie in jeder mittelalterlichen Stadt zum Schutz gegen Übergriffe des Adels und der Fürsten schon früher Schützen gab. Der Vogel ist Sinnbild für die Entwicklung des Schützenwesens: Die Schnabelspitze und die Krallen der vergoldeten Vogelplastik sind abgebrochen. Im Laufe der Jahrhunderte verloren die Schützen ihre Aufgabe als Bürgerwehr, ihre Feste aber werden bis heute gefeiert wie im Rheinland die drei tollen Tage. Erst mit dem erwachenden Nationalbewußtsein im 19. Jahrhundert trugen die Schützen Uniformen. Vergnügen und Schießsport halten sich heute die Waage.
Der Vogel, Abbild des von der Stange mit der Armbrust heruntergeschossenen bunten Holzvogels, nach dessen Farbenpracht der Schießplatz der Buxtehuder Schützen auch den Namen »Papagoyenkamp« hatte, ist das älteste Stück der 30 Pfund schweren Königskette der Gilde. Sie wöge noch mehr, wenn alle in 444 Jahren hergestellten Königsschilde erhalten geblieben wären. Von 182 Schilden stammen 78 aus der Zeit zwischen 1609 bis 1860, die wertvollsten werden im Tresor verwahrt.
Die Arbeiten Buxtehuder Goldschmiede bilden eine silberne Schützenchronik, in der es auf einem Schild von 1610 heißt: »Hinrich Risleben 1610 den 30. Julius weren 147 Schut«, also 147 Schützen waren ausmarschiert und hatten auf den Vogel geschossen. Neben dieser silbernen gibt es die »Schweinslederne Chronik«, in der die ganze Geschichte der Schützengilde aufgezeichnet ist – mit den Namen der alljährlich mit 16 Jahren neu eintretenden Mitglieder.
Im 19. Jahrhundert gab es auch schon Kinderschützenfeste. Der »Buxtehuder Kinderschützenkönig« vom Jahre 1838, den der Hamburger Künstler Jacob Gensler mit dem Bleistift zeichnete, trug schon eine Kette.
Etwas jünger als die Buxtehuder ist die Estebrügger Schützengilde, offiziell 1612 gegründet. Aber in der »Buxtehuder Chronik« von Luneberg Mushard wird schon aus dem Jahre 1459 berichtet, daß das Kirchspiel zur Este, zu dem alle Dörfer beiderseits der Este zwischen Buxtehude und Cranz gehören, den Buxtehudern im Kriegsfall mit 40 Schützen zu Hilfe kommen sollte.
Hat ein Schütze in Buxtehude oder Estebrügge fast ins Schwarze getroffen, heißt es bei den Freunden: »dicht bi 'n sölbern Lepel«: Die besten Schützen werden nämlich mit silbernen Löffeln belohnt, die ihnen nach dem Schießen von weiblicher Hand sogleich auf den Rock genäht werden. Gute Schützen haben schon so viele Löffel beisammen, daß die Buxtehuder neuerdings mit Tortenhebern und Kuchengabeln aufwarten. Im 18. Jahrhundert

war der Königspreis ein feister Ochse. Damals wurde aber auch nur alle drei Jahre gefeiert, jetzt in jedem Sommer.
Seit der Eingemeindung von Altkloster (1931) gibt es in der Stadt zwei Schützengesellschaften: 1883 gründeten Einwohner von Altkloster, vor allem Handwerker und Arbeiter der Winterschen Papierfabriken, den »Schützenverein Altkloster von 1883«. Dabei haben die Gastwirte wohl mitgemischt; denn bis 1882 feierten die Buxtehuder ihr Fest im Eichholz von Altkloster. Als sie einen neuen Schießstand an der Bahn erhielten, wollten die Leute in Altkloster auf das sommerliche Volksvergnügen nicht verzichten. Seitdem wird zweimal gefeiert: im Juli in Buxtehude, im August in Altkloster. Eine Ausnahme bildeten die Jahre 1938 und 1939, als Gilde und Verein sich für kurze Zeit vereinten. Danach wurde die Bahnlinie wieder Schützengrenze, die ein Festzug nur ausnahmsweise überschreiten darf.
Der »Große Zapfenstreich« mit Trommeln

Spielmannszug des Schützenvereins Altkloster beim Umzug am Westfleth

Dieses Königsschild ließ Heinrich Matthias Diedrich Koops, Wirt »Zum grünen Jäger«, als Schützenkönig 1838 anfertigen

Der Singsang der Schützenbröder

He, Schützenbröder sünd wi,
hebbt immer goden Mood,
un döstig sünd wie jümmer,
dat liggt bi uns in'n Blood.
Gut Schuß, gut Schuß, gut Schuß!

Jacob Gensler zeichnete 1838 diesen »kleinen Schützenkönig von Buxtehude«

und Pfeifen eröffnet das Fest. Dann haben zuerst die Kinder ihren Tag, an dessen Ende ein Kinderkönigspaar proklamiert wird. Am Wochenende wird um verlockende Preise nach allen Scheiben geschossen, am Sonntag der »Beste Mann« und am Montag traditionell der König ermittelt. Sein Geleit durch die festlich illuminierten Straßen zum »Königshause« endet mit großem Feuerwerk – einmal auf dem Schützenplatz an der Este, das andere Mal am Mühlenteich Altkloster. Mit dem hochoffiziellen Königsball – Essen und Tanz – schließt das Fest. In Buxtehude tanzen die letzten Gäste im Morgengrauen nach Blasmusik vor dem Rathaus.
Für Generationen Buxtehuder Familien, die keine Urlaubsreise machten, war das Schützenfest das Ereignis des Jahres. Als die aus Schlesien stammende Schriftstellerin Barbara Bartos-Höppner nach Buxtehude zog, war sie ebenso begeistert von dem Volksfest wie 140 Jahre vorher der später berühmt gewordene Landschaftsmaler Louis Gurlitt, der das Vergnügen beim Besuch seines Onkels Ludwig Eberstein in der Schmiede in der Breiten Straße erlebte. Er schrieb seine Erlebnisse in seiner Biographie auf. Barbara Bartos-Höppner nannte eines ihrer ersten Kinderbücher 1969 »Das Schützenfest«.

Im heutigen Fest hat sich die Feierfolge gehalten, die der Rat vor fast 400 Jahren (1594) festlegte, als er der Gilde ein Schützenhaus vor dem Marschtor und eine Schützenordnung gab: »Weil in allen wohlbestallten Regimenten von alters hergebracht, daß man die junge Mannschaft in Friedenszeiten mit Schießung nach der Scheibe zurüstet und exerzieret, damit dieselben in Zeiten des Krieges desto baß gebraucht werden möge, das auch also bis daher in Gebrauch gewesen. Und wir zur Beförderung solcher Exercitii den Schützen allhier ein sonderbar Haus auf unsere Bekostigung haben setzen und bauen lassen...« Schoß man bisher ungenau mit der Armbrust, einer Verbindung von Bogen und Gewehrschaft, nach dem Vogel, so war man nun treffsicherer im Scheibenschießen mit der Hakenbüchse (Arkebuse).
Die Ordnung setzte vier Quartiere (Stadt-

1911 machte Fotomeister Behning diese Aufnahme von der Schützengilde vor dem alten Rathaus, kurz bevor es abbrannte. Zum 375jährigen Jubiläum 1914 wurde der »letzte« Schützenkönig vor Kriegsausbruch, Zeichenlehrer Carl Griesing, ins alte Bild kopiert

viertel) fest und machte für jedes einen Schaffer verantwortlich. Jeder Schütze sollte seine eigene Büchse haben. Ein jeder sollte, wenn gegessen wird, »sein Messer, auch sonst alle scharfe Wehre, den Schaffern in Verwahrung tun« und wenn er dennoch eine Stichwaffe behielt, eine Tonne Bier Strafe zahlen. Die 32 Bestimmungen schreiben auch Sittsamkeit und Mäßigung vor, daß »ein jeder selbst nebst seiner langen Büchse den König mit sein Seitengewehr aus- und einführen, aber niemand zur Kollation (Imbiß) verbunden, sondern das übermäßige Zechen und Zehren gänzlich verboten ist«.

Schon Anno 1369, als Buxtehude der Hanse beitrat, mußte die Stadt Schützenhilfe im Kriegsfall leisten. Aus dieser Zeit stammt wohl die Aufnahmeprüfung von Neulingen bei der »Hänseltour«, eine Art Ritterschlag, aus dem leicht eine alkoholische Äquatortaufe wird. Die Hänseltour der einzelnen Rotts – der Schwarzen, Joppen und Grünen – geht dem Schießen nach der Königsscheibe voraus. Danach – sagt Punkt 10 der Ordnung von 1594 – »sollen die Schützen ihren neuen König in die Stadt geleiten und auf dem Markt, auch vor des Königs Tür, ihre Büchsen losschießen und dann der Trummen (Trommel) folgen nach dem Hause, da die Collation (Königsessen) eingehalten wird«.

Diese Ballerei beim Einmarsch wurde 1814 vom königlichen Landdrosten in Stade verboten: »Durch das Propfenschießen während des Einmarsches des Schützenzuges wurde viel Unruhe gestiftet, brennende Pfropfen flogen in die Zimmerfenster, Zuschauer wurden verletzt.« Bald nach diesem Verbot halfen sich die Schützen und ersetzten das Feuerwerk aus der marschierenden Kolonne durch Böllerschüsse aus zwei Signalkanonen – fahrbaren Geschützen auf blaugelben Holzlafetten. Sie stehen heute fest verankert vor dem Zwinger.

Zum Abschied bittet Herr Hase: Kiek wedder in!

Neukloster: Schwäne, Karpfen und Schleie beleben auch heute die Fischteiche der früheren Nonnen

Zwei Dorfkleinodien schmücken Buxtehudes Westende: Neukloster mit seinem Pfingstmarktplatz am Walde und Hedendorf mit alten Niedersachsenhäusern. Viele Gasthäuser laden hier zur Einkehr

Zwischen kilometertiefen, schmalen Stücken Obstland schlängelt sich die Lühe mit ihren Deichen und Dörfern zur Elbe, links durch Guderhandviertel, Steinkirchen und Grünendeich, rechts durch Mittelnkirchen nach Borstel-Lühe

Wie die Obstblüte im Alten Land nicht nur Bienen sondern auch Menschen anlockt

Das Alte Land ist ein fast ebener, mit Obstbäumen bewachsener grüner Marschstreifen, der sich von der Süderelbe bei Moorburg bis an die Schwinge bei Stade erstreckt. Wer von der Bundesstraße 73, die zwischen Harburg und Stade durchweg auf der hohen Geestkante verläuft, in das grüne Flachland hinabschaut, sieht eine Fläche, die im Norden vom hohen Geestrücken des holsteinischen Elbufers begrenzt wird. Strenggenommen ist das Alte Land nur ein Teil davon: Vor der Geestkante erstreckt sich ein bis zu drei Kilome-

Prunkpforte vor dem Haus Nincoper Straße 45 in Hamburg-Neuenfelde. Es gibt viele Quast im Alten Lande, hier wohnt: »Puurten-Quast«

ter breiter Streifen Niederungsmoor, der nicht zum Alten Land, nicht zur Marsch gehört. Gegen das Moor haben die Altländer sich durch einen Hinterdeich und breiten Entwässerungsgraben, die Moorwettern, geschützt. (Wettern kommt vom holländischen Wateringe.)

Zwischen Moorwettern und Elbe ist das Alte Land zwei bis acht Kilometer breit und von den Elbnebenflüssen Lühe und Este in drei Meilen eingeteilt, die von Stade zählen: die Erste Meile von der Schwinge bis zur Lühe, die Zweite Meile von der Lühe bis an die Este, die Dritte Meile von der Este bis zur Alten Süderelbe, die das Alte Land von Finkenwerder trennt und nach 1962 abgedämmt wurde.

Das rund 170 qkm große Gebiet ist ein Kind der Elbe, von Ebbe und Flut, die es in Jahrtausenden aufspülten. Strom und Fluß ließen ihre Fracht an Sand und Schlick fallen, wenn das Wasser zwischen Flut und Ebbe, zweimal am Tag, zur Kipptide zum Stehen kam. Die Ufer wurden höher aufgespült als das Hinterland und schon früh von Sachsen besiedelt. Die fanden noch genug Schutz gegen das Wasser auf Wurten (Erdhügeln). Die niedere Marsch, das Sietland, sumpfig und wüst, wurde erst im 12. und 13. Jahrhundert mit 200 holländischen Siedlern kultiviert. Sie igelten sich in großen Poldern mit Schutzdeichen gegen die Elbe, die Flüsse und das Moor ein. Erst in jüngster Zeit wurde das ganze Alte Land ein großer Polder (das holländische Polder ist gleichbedeutend mit dem friesischen

So finden Sie das Alte Land: Die Straße am Elbdeich führt von Finkenwerder über die Sperrwerke an der Este und Lühe bis Stade, der Obstmarschenweg von Francop mitten durch das Blütenland. Von der Bundesstraße 73 geht's in Buxtehude an die Este und in Horneburg und Dollern an die Lühe

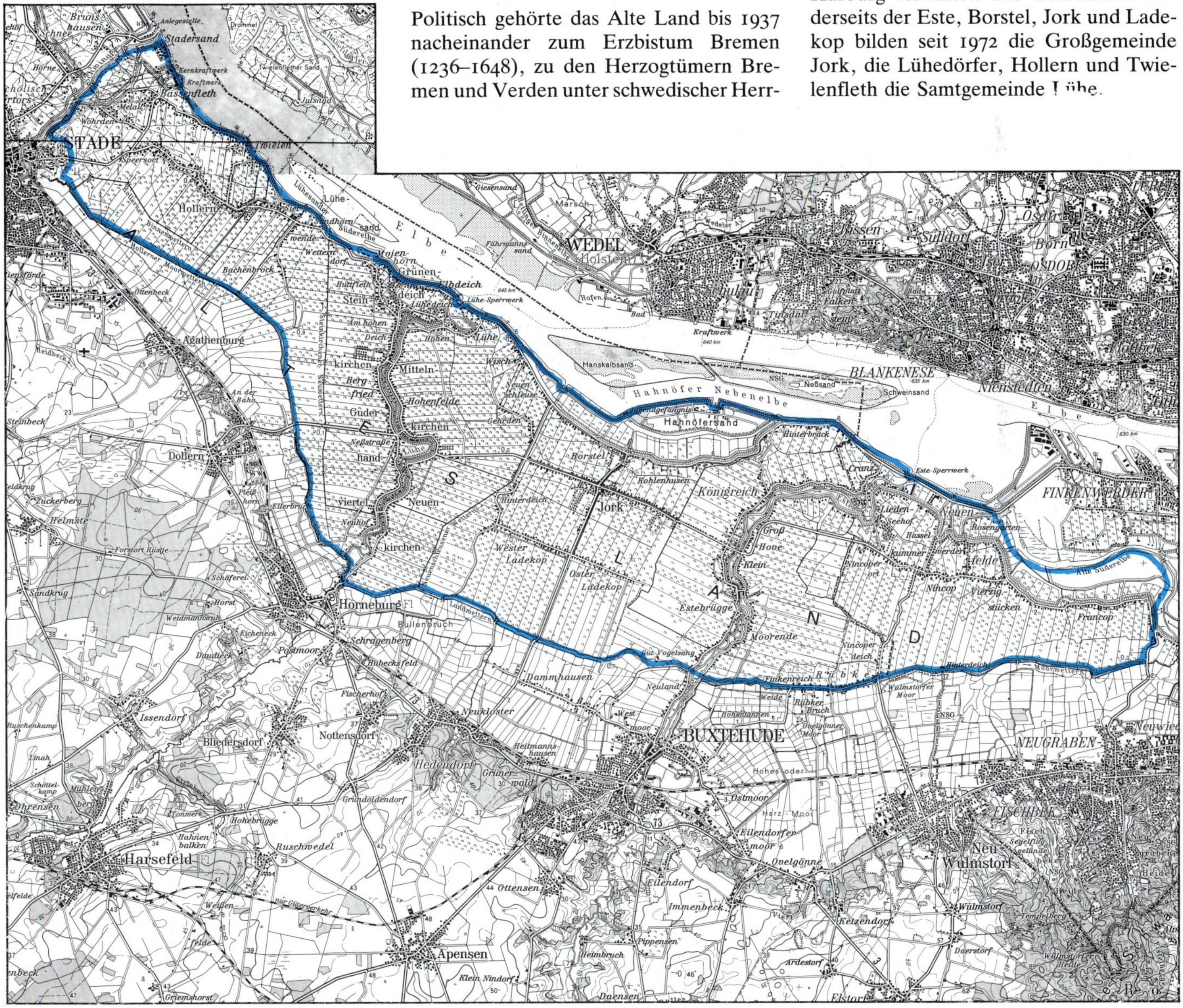

Koog), indem in den Mündungen der Schwinge, Lühe und Este Sturmflutsperrwerke gebaut wurden.
Die neu besiedelte Marsch erhielt die Bezeichnung »Altes Land« erst im 14. Jahrhundert, als man die Erste und Zweite Meile im Unterschied zu dem später wohnbar gemachten neuen Land beiderseits der Este bis an die Süderelbe terra vetera (lateinisch = altes Land) nannte.

Politisch gehörte das Alte Land bis 1937 nacheinander zum Erzbistum Bremen (1236–1648), zu den Herzogtümern Bremen und Verden unter schwedischer Herrschaft (1648–1712) und unter dänischer Herrschaft (1712–1715), zum Kurfürstentum und späteren Königreich Hannover (1715–1866) und zur preußischen Provinz Hannover bis 1937. Jetzt ist die Dritte Meile mit Cranz hamburgisch. Vom niedersächsischen Teil gehört Rübke zum Kreis Harburg, alle anderen Orte zum Kreis Stade. Neuenfelde und Cranz werden im Ortsamt Süderelbe vom Bezirksamt Harburg verwaltet. Die Gemeinden beiderseits der Este, Borstel, Jork und Ladekop bilden seit 1972 die Großgemeinde Jork, die Lühedörfer, Hollern und Twielenfleth die Samtgemeinde Lühe.

In der zweiflügeligen Eingangstür von »Puurten-Quast« sind noch Maß und Zierrat der selten gewordenen Altländer Brauttür erhalten

Für die Hamburger ist das Alte Land Ausflugsziel Nummer eins im Mai, wenn die weiße Kirschblüte beginnt, und von Juni bis Oktober Lieferant für Baumfrüchte von der Kirsche bis zum Spätapfel. Für den ganzen deutschen Norden ist es *das* Obstparadies, nüchterner gesagt: das nördlichste und größte geschlossene Obstanbaugebiet Deutschlands. Im Wonnemonat Mai, wenn nach den Kirschen auch an zwei Millionen Bäumen Pflaumen-, Zwetschgen-, Birnen- und Apfelblüten ihre Pracht im Obstwald entfalten, entdecken Besucher auch die übrigen Schönheiten dieser jungen Kulturlandschaft Altes Land: Häuser mit vielfältigen Backsteinmustern in weißem Fachwerk, hölzerne Prunkpforten mit geschnitzten Fruchtgehängen über Wageneinfahrten, einfache Dorfkirchen – der hölzerne Glockenturm steht oft daneben –, sorgfältig geharkte Vorgärten zwischen modernen Hallen, in denen Obst sortiert, gelagert und mit Maschinen gekühlt wird.

Hohe und breit gegründete grüne Deiche versperren dem Autofahrer den Blick auf die Elbe; schmale, steilere Flußdeiche schlängeln sich mit den Elbnebenflüssen Este, Lühe und Schwinge elbwärts durch Obstgärten. Die langgestreckten Dörfer liegen an Deichen oder Straßen, die einmal Deiche waren, und man merkt kaum, wenn man von einem Ort in den anderen fährt.

Die Deiche sind Spazierwege. Von der Krone fällt der Blick auf die unten liegenden Häuser und Höfe, auf Flüsse und Gräben, vom Elbdeich auf den Strom mit seinen auf und ab ziehenden Schiffen.

Schnurgerade Wassergräben beweisen, daß die heutige Landschaft einst – vor 800 Jahren – künstlich angelegt wurde: Die Gräben entwässern die 2250 Meter in die Tiefe gehenden Hufen (Höfe) und zerteilen sie in 16 Meter breite Beete, Stücke genannt. Aus der Luft gesehen, schraffieren die dunklen Wasserläufe das grüne Land. Durch Jahrhunderte bildeten in Zisternen aufgefangenes Regenwasser und die mit jeder Tide in Wettern und Gräben strömende Flut die Wasserversorgung der Bewohner. Bei Ebbe entwässerte das ablaufende Wasser das niedrige, bis einen Meter unter Meeresspiegel liegende Land. An der Elbe und den Flüssen sorgen Schöpfwerke im Deich dafür, daß Wasserüberschuß abgepumpt wird. Früher genügten einfache Klappsiele, um die Flut abzuhalten. Vor Sturmfluten schützen Sperrwerke an den Flußmündungen das Binnenland hinter dem Deich. Hinter dem Deich, binnendeichs, ist der Mensch und sein Besitz geschützt. Vor dem Deich, butendieks, außendeichs, reiten Sturmwogen gegen das Menschenwerk an und suchen es zu zerstören, wohl ein Dutzend Mal alle hundert Jahre mit Erfolg: Spuren dieser Deich-

brüche sind die Bracks, kleine und größere Teiche binnendeichs, die nach Deichbrüchen von hereinstürzenden Wassermassen tief ausgekolkt sind und nicht wieder aufgefüllt werden konnten: Der Deich mußte dann außen herum neu gebaut werden. Deichbrüche machten aus einst schnurgerade aufgeworfenen Dämmen wieder Naturformen.
Vor diesen Anstürmen der feindlichen Gewalten haben die Altländer Bauern nie Ruhe gehabt. Der stete Kampf ums Dasein hat diese Menschen geprägt. Die Altländer gelten als fleißig, strebsam und weltoffen. Ihre Kirchen pflegen sie wie ihre guten Stuben, sie haben Sinn für ihre Schönheit, sorgen für ihre Erhaltung. Aber nüchterner Erwerbssinn sorgt auch dafür, daß alte Dorfbilder zerstört, Gräben zugeschüttet, Asphaltbahnen gegossen werden und Industriebauten an Stelle von reetgedeckten Bauernhäusern und Scheunen traten.
Hermann Allmers beschreibt den Typ des Altländers in seinem »Marschenbuch« (1857): »Die Männer (sind) selten groß und stark, haben durchweg schmale Gesichter, scharf ausgeprägte Züge, eine gerade oder etwas gebogene Nase und starke Brauen, unter welchen oft die schlauesten Augen hervorblicken. Die Frauen und Mädchen aber sind unbedingt die schönsten aller Marschen. Nirgend habe ich solch ein Ebenmaß des Ganzen, nirgend so zierliche Hände und Füße, nirgend eine so wunderschöne, zartweiße und frischrosige Hautfarbe gesehen.«
Und die Schattenseiten der Altländer? »Ein starker Egoismus, der sich mitunter in wahrhaft entsetzlicher Härte kund gibt. Im Handel ist er schlau, gewandt und vorsichtig und gegen Fremde mißtrauisch und verschlossen.«
So tüchtige Realisten konnte die nahe Großstadt gebrauchen: Altländer Familien stellten angesehene Kaufleute, Senatoren und Bürgermeister in Hamburg. Altländer, die nach Hamburg zogen, beherrschten bald den Fruchtgroßhandel, Im- und Export. So schätzte auch Richard Linde in seinem Buch »Die Elbe« (1908) die Altländer ein: »Sie gelten als verschlagen und listig, geborene Geldleute, den kleinsten Vorteil wahrnehmend, rührig und äußerst

Wer mag wohl die hübsche Sammlerin sein, der »Onkel Friedrich« diese Karte aus Jork sandte?

Wenn das nicht »gute alte Zeit« ist: Altländerinnen-Kaffeetafel mit viel Trachtensilber (1905)

Auf halber Strecke zwischen Steinkirchen und der Lühemündung spannt sich die »Hogendiekbrück« über den Fluß: eine Zugbrücke, aber nicht zum Ziehen, sondern ein Anschau-Denkmal zur Erinnerung an viele typische Zugbrücken, die es hierzulande einmal gab. Van Gogh hätte sie nicht schöner gemalt

sparsam, mit heller bäuerlicher Freude am Einhamstern.«

Die Zeiten, da die Marschbauern reicher waren als die Geestbauern, sind vorbei. Der Obstabsatz stößt überall auf Konkurrenz aus dem Ausland und von Übersee, und die Existenz mancher Höfe ist bedroht nach Jahrhunderten, in denen ihnen das nach Berlin, England und den Ostseeländern verschiffte Obst aus den Händen gerissen und gut bezahlt wurde. Wer den Menschenschlag kennenlernen will, hat es heute leicht: Von der Kirschen- bis zur Apfelernte bieten sie an allen Straßen ihre Früchte zum Verkauf. Über Obstkisten kann man schnell mit ihnen ins Gespräch kommen. Nur von den Türken reden sie nicht gern. Die fleißigen dunkelhäutigen Männer aus Anatolien sind nicht zu ersetzen, ohne sie würden die Äpfel an den Bäumen hängen bleiben.

Wo fängt das Alte Land an, wo hört es auf? Wenn wir seine Entstehung mit der strengen Bodenaufteilung nach der holländischen Einwanderung als Anfang nehmen, so hat es im Westen begonnen wie alle mittelalterliche Ostwanderung nach dem niederdeutschen Sang:

»Naer Osstland willen wij ryden,
Naer Oostland willen wy mee.
All over de groene heiden,
Frisch over de heiden,
Daer isser en betere stee...«

Diese Besiedlung fing von Stade aus an, und die Mönche des Prämonstratenserordens im Stader St. Georgskloster halfen kräftig mit Rat und Tat. Die Besiedlung schritt dann von West nach Ost fort: zuerst wurde die »Miele« von der Schwinge bis an die Lühe bebaut, dann die zweite Meile bis an die Este. Wann für dieses Gebiet der Name »Altes Land« oder »Olland« erfunden wurde, ist noch nicht erforscht. Neuenfelde gehörte zuerst nicht dazu und wurde zuletzt und von Buxtehude aus erschlossen, als Dritte Meile.

Für die meisten Besucher ist der umgekehrte Weg heute üblich, von Ost nach West, und Hamburger können deshalb schwer verstehen, daß die 1. Meile nicht in Neuenfelde beginnt. Für sie fängt das Alte Land in Francop an.

Tewes Helmke aus Jork legte nur auf Heimatfesten Tracht und Orden von 1870/71 an, Ehefrau Catharina half Nachbarinnen fachkundig beim Anlegen der Tracht. Reiche Leute waren sie nicht: Mutter Helmke schob 40 Jahre lang als Botenfrau einen Brotkarren nach Buxtehude – 15 Kilometer

Arp Schnittger und die schönsten Altländer Prunkpforten

Wenn die jungen Männer aus Dörfern des Alten Landes die Bauern und Knechte aus den Nachbarorten – mitunter auch handgreiflich – neckten, die »finen Estebrüggers« de »grootsnutigen Jörkers«, »de rugen Neefellers« und »de klooken Greunendiekers«, ging es fast immer um Dierns. Forderte ein Butendörper ein Mädchen zum Tanz, endete es oft in Schlägereien: Man wollte die Mädchen wie die Kirche im Dorf behalten. Dabei hatten die hübschen Altländerinnen, von denen Allmers schreibt, in Neuenfelde wohl einen besonders hohen Kurs gehabt, so daß der Schnack umging: »Allns op de Well, blots keen Diern ut Neefell!« Denn die wurden mit Fäusten verteidigt.

Das schöne Altländer Bauernhaus in der Nincoper Straße 45, dessen Besitzerfamilie Quast zur Unterscheidung von unzähligen Altländer Namensvettern nach der reich geschnitzten Prunkpforte den Beinamen »Puurten-Quast« (Pforten-Quast) erhielt, gehört zu den schönsten ländlichen Baudenkmalen Hamburgs. Die Puurt ist ein vier Meter hohes, mit Ziegeln bedachtes Holzbauwerk mit einer breiten Wageneinfahrt und einer schmalen Lattentür. Über der Einfahrt verkündet ein lateinischer Spruch (Ora et labora: Deus aderit sine mora), daß sich der liebe Gott unverzüglich einstellt, wenn der Mensch betet und arbeitet. Drei geschnitzte Balkenköpfe ragen in den Torbogen hinein, der mittlere zeigt eine Traube als Frucht der Arbeit, die beiden seitlichen Tierköpfe als Wächter der Schwelle. Über der Nebenpforte ist das Baujahr 1683 eingekerbt. Das war das Jahr nach dem Neubau der barocken Dorfkirche, für die ein bekannter Hamburger Holzbildhauer, Christian Precht, einen der ersten Kanzelaltäre des Alten Landes geschaffen hat. Seine Kunst war begehrt bei den Schiffern, deren Segelschiffe Galionsfiguren aus seiner Werkstatt am Bug führ-

Die »Palmsche« Pforte steht vor dem Bauernhaus in der Stellmacherstraße 9 in Hamburg-Neuenfelde. Die Aufnahme zeigt das Haus vor der Restaurierung – jetzt hat es eine Dachgaube

ten. Das Baujahr und das Latein der Inschrift sprechen dafür, daß Christian Precht auch diese Prunkpforte geschnitzt hat, denn Hofbesitzer war damals der Bauherr der Kirche, Johann von Finkh, Propst des Alten Landes. Weil Altar und Kirchenstühle so gut gelangen, mußte der Bildhauer auch beim Pfarrhaus seine Kunst beweisen.

In der Dritten Meile stehen deshalb die schönsten Prunkpforten des Alten Landes. Bauten dieser Art gibt es in Deutschland nicht in vergleichbarer Pracht. Denselben Bildhauer verrät die »Palmsche Pforte«, Stellmacherstraße 9. Die eingekerbte Jahreszahl 1619 sollte vielleicht 1679 heißen. Die Pforte stand zuerst auf dem Nachbarhof. Dessen damaliger Besitzer Paul Hadeler hatte der Kirche einen Kronleuchter gestiftet und dafür wohl vom Pastor den lateinischen Text der Inschriften erhalten, die Worte »Ora et labora« (bete und arbeite) und »respice finem« (bedenke das Ende) sowie über den ganzen Torbogen gehend: »Porta patens esto nully claudaris honeste« (Sei offen, Pforte, und keinem Ehrenwerten verschlossen). Im Jahre 1809 kam das Bauwerk durch Konkurs an den Besitzer des Nachbarhofes. Die prächtige Bekrönung der kleinen Seitenöffnung ist wohl 1884 vom damaligen Besitzer Otto Palm erneuert worden: Sein Name und die Jahreszahl prangen in der Reliefschnitzerei.

Die »Jonas-Pforte« in Cranz-Neuenfelde, die in Höhe des alten Sperrwerks steht und heute dem Werftbesitzer J. Sietas gehört, nennt Hans Förster (»Altländer Fahrten«): »... das prächtigste Exemplar von den 13 Pforten dieser Art im Alten Land.« In der Inschrift der Seitentür hinterließen die Erbauer Jacob Feltmann und Ilsabe Feltmann ihre Namen mit der Jahreszahl 1747. Die deutsche Inschrift lautet »WIR HABEN HIER KEINE BLEIBENDE STÄTTE SONDERN DIE ZUKÜNFTIGE SUCHEN WIR«.

Eine Gedenktafel erinnert daran, daß der berühmte Orgelbauer durch Heirat in Neuenfelde ansässig wurde

Für den Patron der Pankratiuskirche, Feldmarschall Otto Wilhelm von Königsmark, errichtete die Dogenstadt für Dienste gegen die Türken in Griechenland ein Denkmal in Venedig

Bei allen drei Neuenfelder Pforten blecken Tierköpfe in den Torbogen ihre Zähne, als wollten sie Besuchern drohen. Sie werden als Löwenköpfe bezeichnet, ihre Bedeutung ist unbekannt. Heute freistehend und anscheinend sinnlos, erfüllten die Pforten früher ihren Zweck: Nur eine Brücke oder ein Damm führte über Wassergräben durch die Pforte in den Hof.

Der Pfortenbauer und Figurenschnitzer Christian Precht hat in Neuenfelde auch das Schnitzwerk für Arp Schnitgers Orgelbau geliefert.

Schnitger stammt aus Schmalenfleth an der Unterweser und schuf etwa 160 Orgeln von Holland bis nach Stockholm und Petersburg, eine davon für die Neuenfelder Kirche, in der er auch nach seinem Tode 1719 begraben wurde. Seine Werkstatt hatte er in Hamburg nahe der Katharinenkirche. Durch Heirat wurde er 1684 Neuenfelder Bürger auf dem »Orgelbauerhof« in Vierzigstücken. Der Hof liegt mitten zwischen den holländischen Siedlungen Nincop und Francop. Wie überall im Alten Land bauten die Holländer hier beim »Orgelbauerhof« ihre eigene Kirche nur zweitausend Schritte vom Gotteshaus der »Sasseschen« (Sachsen) in Hasselwerder. In Sturmfluten um 1400 wurde die Kirche zerstört und die ganze Dritte Meile überflutet. Damals blieb sie für 70 Jahre die »wüste Meile«.

Als freigebiger Gönner der St. Pankratii-Kirche bekam Arp Schnitger einen Platz rechts vom Altar für seinen prunkvollen Kirchenstuhl. Links von der Kanzel ließ sich der Propst eine Prieche herrichten. In der Brüstung glänzen noch heute die Wappen der Kirchenpatrone: des Grafen Otto Wilhelm Königsmarck und seiner Gattin, der schwedischen Gräfin de la Gardie. Königsmarck starb als Feldmarschall in venetischen Diensten im Kampf gegen die Türken. Er besaß auch einen Hof im heutigen Neuenfelde. Seine Nichte, die wegen ihrer Schönheit und ihres Geistes berühmte Aurora von Königsmarck, damals 20, soll eine Altardecke für die Kirche gestickt

haben, die jetzt im Helmsmuseum in Harburg lagert.
Vom Herrenhaus am Francoper Brack, das während der Schwedenzeit den Grafen von Düring gehörte, wird eine Sage überliefert, die Lulu von Strauß und Torney zur Ballade »Der Wolf von Francop« verarbeitet hat: Der Graf hatte auf der Flucht vor münsterschen Exekutionstruppen seinen vierjährigen Sohn verloren. Zigeuner sollen ihn aufgefunden und mitgenommen haben. Der Graf und sein zahmer Wolf verfolgten seine Spuren vergeblich. Viele Jahre danach – der Vater war schon tot – gab sich beim Gräfen in Jork ein junger Mann als der Verschollene aus. Sein Onkel auf Gut Francop bezweifelte die Angaben des Heimkehrers. Als aber der schon alt gewordene Wolf an dem Fremden hochsprang und ihm die Hände leckte, wurde er als der vermißte Sohn aufgenommen, vertellt Wilhelm Mohr, Heimaterzähler in Francop.
Aus Neuenfelde stammt auch Dr. Gustav Fock (†), der das Lebenswerk Arp Schnitgers erforscht und beschrieben hat.
Mitten im Obstbaugebiet, in der Estemündung hat sich einer von (um 1900) drei handwerklichen Betrieben zur bedeutenden Schiffswerft entwickelt. Die Werft Sietas gilt als der älteste Schiffbaubetrieb Norddeutschlands. Schon Anno 1703 hatte der Schiffszimmerer Sietas eine kleine Werft »tom Krantze«.

In Schiffahrt und Fischerei machte sich Cranz/Elbe einen Namen. Im 17. Jahrhundert war es schon Fährort nach Blankenese. Die jetzt von der Hadag betriebene Perso-

Die Neuenfelder Kirche mit dem Kanzelaltar von Christian Precht aus Hamburg

Neben der Kanzel: Wappen der schwedischen Gräfin Catharina Charlotte de la Gardie, Königsmarks Ehefrau

Einen Hauch der weiten Welt lassen Kräne und Schiffsbauten der Sietas-Werft an der Estemündung ahnen

nenfähre Blankenese-Cranz hat sich aus der Este-Dampfschiffahrt entwickelt, die 1856 mit den Raddampfern »Primus« und »Este« begann und Buxtehude mit Hamburg verband, als es noch keine Eisenbahn gab. Cranz war Hafen für Segelschiffe, die auf allen Weltmeeren die hannoversche Flagge zeigten. Mehr als 50 Kapitäne und Reeder und eine eigene Seefahrtschule, die später nach Grünendeich verlegt wurde und dort noch besteht, sind um die Mitte des 19. Jahrhunderts in Cranz bekannt und ansässig.

Als die Cranzer Kleinreeder von der Großschiffahrt verdrängt wurden, gründeten geschäftstüchtige Schiffer und Kaufleute 1888 die »Cranzer Fischdampfergesellschaft«. Sie bestand bis über die Mitte des 20. Jahrhunderts hinaus und hatte einen Mann als Büroangestellten beschäftigt, der später einer der bekanntesten plattdeutschen Erzähler wurde: Rudolf Kinau, Bruder des Dichters Johann Kinau, der sich Gorch Fock nannte (»Seefahrt ist not«), Fischersöhne aus Finkenwerder.

Cranz/Elbe, das versunkene Urenfleth, gehört zur Zweiten Meile, politisch zu Hamburg und zur Kirchengemeinde Estebrügge. Hier wie dort gibt es Großschlachtereien als Übrigbleibsel der Zeit vor 60 Jahren, als Altländer Bauern mit billigem Überseegetreide Schweinemast im Großen betrieben und der »Altländer Katenschinken« zum »Markenartikel« wurde.

Die Schiffahrt auf kleiner und mittlerer Fahrt, in Nord- und Ostsee, spielte für Cranz bis in die jüngste Zeit eine wichtige Rolle. »Bauernreeder« ließen nach 1950 auf den Estewerften die ersten »Kümos« bauen: Küstenmotorschiffe mit zuerst 300 Ladetonnen, die im Laufe der Zeit eine Größe bis zu 2000 Tonnen Tragfähigkeit erreichten. Die Kapitäne holten sich Geld bei den damals noch reichen Altländer Obstbauern und nahmen sie als Partenreeder (Anteilsreeder) auf, so daß ein solches Schiff oft einige hundert Besitzer hatte.

Für die Hamburger ist Cranz seit hundert Jahren Einfallstor ins Alte Land zur Baumblüte mit Deichwanderung an Elbe und Este, freundlicher Einkehr im »Alten Fährhaus« und anderen Gasthäusern und Besuch »ihres« Obstbauern, wenn Pflaumen, Birnen und Äpfel reif sind.

Die Altländer Lebensweisheit »Stoh fast, kiek wied un röög di« (Steh fest, guck in die Weite und tu was) gilt hier in Cranz ganz besonders. Die Schiffer, Kapitäne und Reeder haben es »zu was gebracht«, ihre Söhne haben ihre Kontore jetzt in Hamburg. Aber ihre Schiffe, mit denen sie nach England und Schweden, nach Leningrad und Helsinki fahren, werden noch an der Este »bi Sietas« geboren. Nur »Konstantinopel« können sie zu Fuß erreichen: So heißt im Volksmund die größte Türkensiedlung im Alten Land. Die Schiffswerft Sietas in Cranz-Neuenfelde beschäftigt schon lange viele hundert Muselmanen und sorgte für die Unterbringung der in Schiff- und Obstbau willkommenen tüchtigen Arbeiter.

Breiter als die Brücke über dem Este-Sperrwerk kann die Schiffswerft Sietas ihre Kümos nicht bauen. Oft bleibt nur eine Handbreit Luft, wenn sie durch das enge Tor bugsiert werden

An der Estebrügger Drehbrücke müssen Schiffer mit hohen Masten Brückengeld zahlen. Im Brückendienst lösen sich zwei Bewohner der Bürgerei ab

Der Weidbek entwässert das Buxtehuder Ostmoor. Gräber gehören zum typischen Bild von Marsch und Moor

»Wer nich will dieken, mutt wieken«

Von der dritten zur zweiten Meile führen vier Brücken – eine Straßenbrücke über das äußere Sperrwerk und eine Fußgängerbrücke beim alten Sperrwerk verbinden Cranz-Neuenfelde mit Granz/Elbe. Über die Brücke in Hove-Königreich führt der Obstmarschenweg, die elbparallele Verkehrsader, die von Moorburg bis Stade das ganze Alte Land durchzieht. Diese Brükken gab es im Mittelalter noch nicht. Die Wege führten damals über Buxtehude, im Fährboot über die Este oder über die Estebrügge, die Holländersiedlung auf halbem Wege zwischen Buxtehude und der Elbe. Diese Brücke war so wichtig, daß sie dem Dorf und Kirchspiel Eschede ihren Namen gab. Sonst war Estebrügge ein Dorf ohne Halm und Ähre, also ohne Bauernhöfe: Die holländischen Bauerndörfer links und rechts der Este heißen Moorende, Königreich, Hove und Leeswig und haben ihren Marktmittelpunkt, ihre Handwerker, Kirche und Friedhof »bei der Brücke«.

Die Brücke verband schon im Mittelalter West- mit Ostmoorende, die Bürgerei »bei der Brücke« mit der »über der Brücke», die Zweite mit der Dritten Meile.

Unter »Meile« ist ein Deichverband zu verstehen: Deichbau, Deichordnung und Deichgerichte waren in einem Land, das ständig von Überflutung bedroht war, lebensnotwendig. Erste Deiche an der Elbe hatten wohl schon die sächsischen Urbewohner aufgeworfen. Die Holländer bauten dann zusammen mit den Sassen (Sachsen) die vorhandenen Stromdeiche zu Systemen aus, die die ganze Meile gegen die Flut schützten, durch rückwärtige »Hinterdeiche« gegen das Moorwasser und seitliche Flußdeiche nach den Flüssen Este, Lühe und Schwinge. Ob Meile ein Längenmaß oder Flächenmaß bedeuten soll, bleibt unklar. Meile kommt vom lateinischen mille = tausend oder milliens = tausendmal. Die einzelnen drei Meilen könnten wohl je tausend Landstücke umfaßt haben.

Als Lokatoren (= Unternehmer) im Auftrag des Grafen von Stade und der Erzbischöfe von Bremen-Hamburg den holländischen Siedlern Land anwiesen, bekam jeder Kolonist eine Hufe (= Hof), die etwa 200 Schritte breit und 3000 Schritte lang war. Jeder Hufner fing vorn hinterm Deich an, seine Hütte oder sein Haus zu bauen und das 2,25 Kilometer lang gestreckte Sumpfgebiet dahinter nach und nach zu

Saure Arbeit: Wie hier im Jorker Fleth schaufelten Kleigräber im Winter den Schlick aus vielen Gräben auf die Baumbeete

entwässern. Er hub Gräben aus, die seinen Hof in 16 Meter breite Beete (»Stücke«) und zwei Meter breite Wasserläufe aufteilten und eroberte mit dem Spaten Jahr für Jahr weitere Teile der Wildnis, bis die Wassergräben die ganze Länge vom Deich bis an die hintere Grenze entwässerten. Aus den Gräben wurde das Wasser in tiefer ausgeschachtete Wettern, etwa drei Meter breite Kanäle, geleitet, die durch Deichsiele mit den Flüssen oder der Elbe verbunden wurden. Die Holländer hatten schon Sietland am alten Rhein entwässert und wußten, wie man Schleusen baut. Sie brachten die Technik des Klappsieles mit, dessen Flügel vom inneren Wasserdruck bei Ebbe geöffnet und bei Flut von außen zugestoßen wurden. Bei anhaltender Trockenheit konnten sie die Siele öffnen und die Gräben fluten.

Der Spaten war die Hauptwaffe der Marschbauern: Mit ihm wurde der Deich gebaut und ausgebessert und die Gräben ausgehoben. Jeden Herbst begannen die Männer auf den Höfen mit dem mühevollen »Kleigraben«: Abschnittsweise wurde mit riesigen Holzschaufeln das Wasser aus dem Graben geschöpft und mit kleineren Holzschaufeln der angesammelte Schlamm, zäher, aber fruchtbarer Kleiboden, auf die Beete geworfen. In Deich- und Sielverbänden sorgten die Marschbauern

Der Kleigräber, auch Kleier, fischte im Herbst auch die Gräben ab, in denen es von Aalen und Hechten wimmelte.

Kleigräber-Leed

De Stebel hooch bit an den Oors
stoht wi in Slick un Buggersbors,
hebbt fast de Schüffel in de Hand
und smiet de Klei-Erd hooch op't Land.
Stell breet de Been un rut mit Swung,
dat steiht di goot, Ollanner Jung!
Is dat dorbi o koolt un natt,
sprütt uns de Schiet ok noch so swatt,
wat scheert uns Küll un Wind denn groot,
wenn wi dor in den Groben stoht!
De Arbeit gifft uns Kraft un Warms.
Kneup op dat Hemd! Kremp op de Arms!
Hebbt wi dort schafft in Klei un Dreck,
smeckt uns de Klüten un de Speck.
Sitt wi denn middogs in de Hütt,
langt to, mookt rein de Kümm un Pütt!
Un'n lütten Kööm noch achterher,
de deiht di goot, dor wohr di vör!
An'n Sünndag foot keen Schüffel an,
denn wüllt wi sehn, wer danzen kann!
Wat goot smeckt uns denn Grog un Bier!
Un all de Dierns so glatt un schier!
Frogt di de een: Magst mi noch giern?
Jowoll, Mogret, kumm her, mien Diern!
Quast

genossenschaftlich dafür, daß jeder seine Arbeit bei der gemeinsamen Verteidigung gegen das Wasser tat. Konnte ein Bauer einen Deichbruch (Brake oder Brack) nicht selbst schließen, steckte er den Spaten in den Deich und gab damit Haus und Hof auf – an einen stärkeren oder den Deichverband. »Wer nich will dieken, mutt wieken« (wer nicht deichen will, muß weichen) hieß das strenge Deichgesetz. Deichschwaren (-geschworene), Deichrichter und Oberdeichrichter überwachten seine Einhaltung streng, Deichgräfen saßen dem Deichgericht der Meile vor. Fehler in der Unterhaltung der zu jedem Hof gehörenden Deichabschnitte, Deichkabel genannt, wurden

Graben im Ilsmoor der Buxtehuder Moorsiedlung Dammhausen

Wie hier am Nincoper Deich in Neuenfelde richten sich Großstädter gern in alten Katen wohnlich ein und lassen sie mit dem herkömmlichen Reet eindecken

alljährlich bei den Frühjahrs- und Herbstdeichschauen gerügt und bestraft.
In der Dritten Meile hieß die Deichkommission »Fünfundzwanziger« oder »Seeburg«: Der Oberdeichrichter, fünf Deichrichter und 19 Deichgeschworene ritten mit Degen an der Seite, Zylinderhut auf dem Kopf und silbernen Sporen an den Stiefeln in feierlicher Prozession den Deich ab. Jeder mußte ihnen ausweichen, Hunde angekettet werden, und Störungen und Widersprüche wurden auf der Stelle geahndet. Die eingenommenen Strafgelder wurden dann beim abschließenden Deichschmaus verzecht.

Degen und Zylinder sind nicht mehr in Gebrauch, aber die Deichschauen werden (heute allerdings zu Fuß) noch mit gleichem Ernst gehalten und vereinen die Männer vom Deichverband und von der staatlichen Deichaufsicht, der Bezirksregierung und dem Wasserwirtschaftsamt zu Besichtigung und Aussprache über die Sicherheit der Menschen und Häuser hinterm Deich.
Die Kulturlandschaft mit Deichen, Dämmen, Gräben und Wettern hat auch eine Sonderform des Niedersächsischen Bauern-Hallenhauses entstehen lassen. Das Altländer Bauernhaus mit seinen Scheunen und Schuppen ist wie eine Wasserburg angelegt: Vor dem Haus lag die heute meist verschwundene Wettern, an den Seiten die Gräben. Zur Straße gekehrt ist die hübsche Wohnhälfte des Hauses mit dem Buntmauerwerk im weiß gestrichenen Fachwerkgiebel, von gewaltigen Reetflächen überdacht, ohne Eingang: Die schmale Tür zwischen den unteren Fensterscheiben ohne Türgriff ließ sich von außen nicht öffnen. Hinter der Tür lag die Schappkammer, ein

fensterloser Raum, vollgestellt mit Schränken, den seit dem 18. Jahrhundert beliebten Hamburger Schapps, und umfangreichen geschnitzten und bemalten Truhen, in denen die Altländerinnen ihre Bett- und Tischwäsche, selbstgewebtes Leinen, die Sonntagstrachten und ihren reichen Silberschmuck aufbewahrten, Schätze, die von Generation zu Generation vererbt wurden. Brach Feuer im Hause aus, konnten die wertvollsten Habseligkeiten durch die Nottür schnell geborgen werden. Nur aus zwei besonderen Anlässen wurde die »Brauttür« außerdem geöffnet: wenn der Jungbauer seine Braut nach der Hochzeit über die Schwelle ins Haus trug – und auf dem allerletzten Wege, wenn ein Toter im Sarg zum Gottesacker gefahren wurde. Die oberen Fensterreihen im Dachgiebel täuschen: Sie sind nur Blendwerk vor Bodenräumen mit Erntevorräten, also noch Teil des nach hinten, zum Hof liegenden Wirtschaftsteiles, in dem Viehställe und Kammern für das Gesinde untergebracht waren. Aus der großen Diele führt die Grootdöör unter dem abgewalmten Reetdach direkt in den Hof.

Der Obstanbau hat zwar eine lange Geschichte im Alten Land, war aber früher mehr Sache der kleinen Leute, der Fischer, Handwerker und Schiffer und wie der Gemüsegarten auf hausnahe Flächen beschränkt. Erst im 20. Jahrhundert verdrängten die Obstbäume nach und nach alle anderen Zweige der Landwirtschaft: Ackerbau, Weide, Viehhaltung, Milchwirtschaft. Das 20. Jahrhundert machte aus Bauern fachlich geschulte Obsterzeuger. Als auch das Zugpferd von Maschinen abgelöst wurde, blieb als einziges Haustier der Hofhund zurück.

Mit der Monokultur änderte sich das Bild der Landschaft, mußte die alte Streifenkultur verschwinden. Die Entwässerung und Erhöhung der Beete hatte Folgen: Der Boden sackte zusammen. Die Gräben und Wettern mußten vertieft werden, die Zeiten zwischen zwei Hochwasserständen, in denen das Wasser von selbst in die Flüsse ablief, wurden immer kürzer. In den 20er und 30er Jahren baute man daher Schöpfwerke vor die Siele

Diesel- und zuletzt Elektromotoren pumpten das Wasser in die Vorfluter. Die nächste Etappe: Gebietsweise konnten die Gräben durch Rohrleitungen ersetzt und zugeschüttet werden, auf den größeren zusammenhängenden Flächen war Platz für Maschineneinsatz und mehr Bäume. Die zwei Kilometer langen Treckerfahrspuren zwischen zwei Baumreihen rechts und links und mit Entenflott bewachsenen Gräben werden bald Geschichte sein.

Für das nördlichste Obstanbaugebiet waren die Wassergräben gut, weil sie das Klima milderten. Heute muß die von Frühjahrsfrost gefährdete Obstblüte durch künstliche Beregnung geschützt werden.

Reet ist rar im Alten Land, nur an den Ufern des Großen Bracks in Hinterbrack wuchert es noch üppig. Das meiste Dachreet wird aus Ungarn importiert und von Dachdeckern gelegt, die von der Geest, aus den Vierlanden und von Holstein rüberkommen; denn hierzulande ist das Handwerk fast ausgestorben

Zwei Wahrzeichen in Estebrügge: das Kriegerdenkmal 1870/71 und der verdrehte Turm der Martinskirche

Im Alten Land haben die Frauen keineswegs die Hosen an, wohl aber die Hand auf dem Geld

Dicht gedrängt stehen die Häuser auf dem Estedeich der Bürgerei von Estebrügge, ihre Grundmauern sind Teil des Deiches

Für die Siedlungskerne der größeren Altländer Dörfer Steinkirchen, Jork und Estebrügge gibt es die Bezeichnung »Bürgerei« oder »Bürgerschaft«, die auf den stadtähnlichen Zuschnitt rings um die Kirche hindeuten. In Estebrügge und Cranz liegen die dicht bebauten Ortskerne halb auf dem Deich: Die Häuser auf der Deichkrone sind Teil des Deiches. Die Lücken zwischen den Häusern, die Türen im Erdgeschoß und zum Keller mußten bei Hochwasser mit Balken und Mist verbarrikadiert werden. Als es in Cranz noch kein Sperrwerk gab, soffen den Bewohnern trotzdem jeden Winter ein paarmal die Keller ab.

Der eng bebaute Deich mit Fuß- und Radweg und knorrigen Linden, Steintreppen an der Böschung zur Straße und der niedriger gelegenen Hausreihe an der anderen Seite gibt Estebrügge seinen besonderen Reiz. Dazu gehört auch die Drehbrücke (an Stelle früherer Zugbrücken), die für Schiffe von und nach Buxtehude und große Sportboote aufgekurbelt wird. Wie in alter Zeit kassiert der Brückenwärter das Brükkengeld an einer langen Stange.

In der Bürgerei wohnen vor allem Handwerker, Händler, Schiffer und Gastwirte. Bei Holst, Elektrogeschäft, Kino und Gaststätte, arbeitete nach 1945 der spätere Bundestagspräsident Richard Stücklen als Ingenieur. Die Zahl der Gaststätten ist zwar geschrumpft, aber beim Estebrügger Markt mit Aalknobeln und beim Schützenfest geht es in den Lokalen hoch her. Der »Estehof« hat durch besonders gute Küche einen Ruf weit über das Alte Land hinaus. Gastwirt Werner Miehe legt auch Wert auf Tradition und sammelt alten Hausrat. Am Hinterhause hat er eine besonders schöne Tür einbauen lassen. Der Hof hat Geschichte: Er gehörte im 18. Jahrhundert Johann Winter, dem Wirt, Vogt und Verwalter des Gutes Esteburg. Sein Sohn Johann Heinrich Winter war Stammherr einer Hamburger Kaufmannsfamilie, deren Haus in der Deichstraße vom Hamburger Brand (1842) verschont blieb. Enkel Johann Asmus Winter gründete in Altkloster bei Buxtehude die Winterschen Papierfabriken.

Um 1700 gab es »bei der Brücke« noch viele Handwerke, von denen etliche inzwischen ausgestorben sind: Küper, Schuster, Schneider, Maurer, Tischler, Schlachter, Grobschmied, Drechsler, Glaser, Bäcker, Weißbäcker, Leineweber, Fleischhauer, Faßbinder, Grützmacher, Töpfer, Zimmermann, Pflugmacher, außerdem Schiffer, Mühlenfahrer (die Korn zur Mühle nach Buxtehude schipperten), Fischer, Händler, Gerichtsdiener, Chirurgus und Kuhlengräber (Totengräber). Hier hatten auch Mehlhöker, Brauer und Krüger ihre Betriebe, 1725 gab es allein neun Bierbrauer, zwei Krüger, unter ihnen zehn Branntweinbrenner.

Bei so reichlichem Angebot an Bier und Branntwein kann man sich das gesellige Leben leicht vorstellen. Hoch ging es bis in die 1960er Jahre in allen Kneipen zu, wenn im Spätherbst und Winter das Lottospiel begann. Die Spieler drängten sich bis auf Treppenstufen und in Privatstuben. Einer zog Zahlensteine aus dem »Büdel« und rief die Zahl aus: »Achtenachentig«. Wer die Zahl auf seinem Nummernbrett hatte, durfte sie besetzen. Waren alle Nummern belegt, bekam der Sieger seinen Schinken oder seine Gans für Weihnachten, und das Spiel begann von neuem. Die Spielleidenschaft packte Männer wie Frauen.

Beim Spielen setzten die tüchtigen Frauen von Estebrügge, Moorende und Königreich ihre Gleichberechtigung schon vor hundert Jahren durch. Ihr Lottoklub tagte bei Branntwein, Grog, Gebäck und Tabakrauch bis Mitternacht und zog dann noch zum Brückenwirt an der Este. Der Gastraum war bereits von ihren Männern besetzt, aber die Frauen stichelten und lästerten, bis die Skatspieler das Feld räumten. Damit ihnen die Männer nicht wieder ins Gehege kamen, schlossen die resoluten Atländerinnen beim nächsten Lotto-Abend Hosen, Ausgehrock und Hut ihrer Eheliebsten fest in ihre Kleidertruhen ein und verurteilten die Männer zum Babysitten.

Zwei also geplagte Männer klagten auf dem Hamburger Markt ihr Leid einem Bekannten, und eines Tages wurde die ganze

Geschichte als Moritat auf den Gassen der Stadt gesungen: »Wie geht es bei der Brükke im Lande so froh! Die Weiber ziehen die Hosen an, hallo!...« Darin wurde die »Spiel- und Klatschkompanie« mit Namen genannt – die dicke Geesch, Luise, Mariken und Minna: »Sobald der Bauch recht ist gefüllt, heran! Zum Lottospiel mit voller Lust.« Neun Strophen zählte das Lied und wurde als Flugblatt gedruckt: Jeder wußte, wer gemeint war. Die betroffenen Familien waren empört, die Männer mußten Anzeige erstatten. Sie hatten sogar Erfolg: der Rat der Hansestadt Hamburg verbot das Lied. Aber dadurch wurde der Spottgesang von der Este erst interessant. Was in Hamburg verboten war, konnte in Horneburg niemand verwehren: Ein Pärchen trat dort mit Leierkasten und Bildertafel auf und zeigte die lustigen Szenen vom »Estebrügger Lutterleed« in bunten Karikaturen. Bald erklang der Gesang in den Dörfern und auf den Märkten in Jork und Steinkirchen. Als zu allem Überdruß eine Gruppe Hamburger, mit Clarinettenmusik voran, auf dem Deich von Cranz nach Estebrügge marschierte und lauthals das Lutterleed grölte, reichte der Jorker Rechtsanwalt Dr. Stechmann im Februar 1840 beim Gräfengericht in Jork Antrag auf Verbot des Liedes ein, diesmal mit Erfolg. Aber in Vergessenheit geriet es erst, als keine Betroffenen mehr lebten.

Die Estebrügger Moritat ist die Ausnahme von der Regel: Im Alten Land haben die Frauen keineswegs die Hosen an, wohl aber die Hand auf dem Geld. Vor dem Jorker Gräfengericht klagte eine Frau auf Scheidung. Der Scheidungsgrund: Der Ehemann vertraute ihr nicht die Geldwirtschaft an, wie es hierzulande üblich war.
Die Estebrügger sorgen auch sonst für Aufsehen. Besuchern fällt auf, daß sich der hölzerne Kirchturm mit seinem Schindeldach zur Spitze hin wie ein Korkenzieher dreht. Niemand weiß warum. Ein Zimmermann meinte, die Bauleute hätten das »Andreaskreuz« vergessen, mit dem Holztürme innen abgesteift werden. Vielleicht war es auch nur Materialermüdung.
Ungewöhnliche Löschmittel verwendeten die Kirchspielleute, als der Blitz 1774 in den

Dies Prachtstück von Tür schließt Werner Miehes »Estehof« zum Garten ab. Das »W« im Oberlicht hat der frühere Wirt Johann Winter 1752 einsetzen lassen

Wenn der fröhliche Jorker Gastwirt Hein Godenrath »büdelte«, paßten alle Lottospieler auf. Er riet eine Zahl aus, und irgendwo erscholl »Hier!«, und Hein büdelte weiter

Die hübsche Ollanner Diern hat den Stein bekommen und kann ihn auf ihr Lottobrett setzen. Der alte Brauch ist ungebrochen

Turm einschlug: Sie löschten das Feuer mit Milch. Es wäre auch schade gewesen um das schöne Glockenspiel, das ein Hamburger Gießer angefertigt hatte. Die Hamburger sollen dafür ebensoviel Schillinge angeboten haben, wie die größte Glocke faßte, aber die Estebrügger gaben ihr Glockenspiel nicht her.

Bei besonderen Anlässen läutete der Küster »auf Stroh«. Damit der Glockenschlag dumpf über das Land hallte, umwickelte er den Klöppel mit Stroh, und im Kirchenbuch hieß es dann: »Als der Jurat Peter Quast gestorben, ist aufs Stroh geläutet, im Majo Ao. 1694.«

Zur barocken Ausstattung des Neubaus von 1700 gehören die Ansichtsfront der alten Schnitger-Orgel, eine geschnitzte Wendeltreppe zur Orgelempore und die Kanzel. Die Bankwangen des Kirchengestühls tragen Engelsköpfe. Sie haben alle abgeschnittene Nasenspitzen. Im 30jährigen Krieg, erzählt man, soll ein betrunkener Soldat die Schärfe seiner Klinge an den Engelsgesichtern erprobt haben.

Vor solchen Kriegstaten hat sich der adlige Diederich Schulte geschützt, als er kurz vor dem 30jährigen Krieg im heutigen Moorende seine Esteburg bauen ließ und dafür unter der Erde mehr Geld ausgab als über der Erde. Den Keller des Hauses ließ er durch einen etwa 200 m langen unterirdischen Fluchttunnel mit dem Esteufer verbinden. Mit Hartwig von Schulte wurde der letzte Sproß der Familie 1899 in Estebrügge begraben. Das Gut ging auf die Familie des Bauern Walter Buchholtz über, der es 1964 an die Landwirtschaftskammer Hannover verpachtete. Die Jorker Obstbauversuchsanstalt ließ den 40 Hektar großen Hof einebnen und mit Obstsorten bepflanzen. Der damalige Direktor, Prof. Dr. Loewel, züchtete darauf mit großem Erfolg neue Apfelsorten.

Zum Kirchspiel Estebrügge gehört auch ein Königreich: So heißt das Bauerndorf flußabwärts wahrscheinlich nach dem alten, unter königlichem Schutz stehenden Weg, der vom Königsdamm in Buxtehude über Leeswig zur Fährstelle in Cranz führte.

In Königreich mit Leeswig und dem am rechten Esteufer gelegenen Hove (op de

In der schönen Estebrügger Kirche tragen die Stuhlwangen Engelsköpfe mit abgeschnittenen Nasen

How) gab es um 1900 noch 14 von insgesamt mehr als zwei Dutzend Ziegeleien im ganzen Alten Land. Viele gruben den Ton im Außendeich ab. Die Betriebe lagen flußnah, wo am meisten Ton vorhanden und der Transport auf dem Wasserwege vor allem nach Hamburg möglich war.
Bis zum Ersten Weltkrieg waren »Lippscher« aus dem Fürstentum Lippe-Detmold die »Gastarbeiter« auf den Ziegeleien. Zu Fuß wanderten sie im März jedes Jahres nordwärts und im Oktober wieder zurück, an die 15000 Saisonarbeiter jährlich, die Arbeit bis nach Dänemark, Schweden und Norwegen suchten. Auf den Ziegeleien im Alten Land dauerte ihr harter Arbeitstag von vier Uhr morgens bis sieben Uhr abends – 15 Stunden. Sie schliefen in großen Sälen in eigens dafür gebauten Unterkünften mit eigener Küche, in der von den Großschlächtereien eingesalzener Speck mittags im Essen gekocht und abends über den Daumen geschnitten mit Brot die Hauptnahrung war. Hochkonjunktur hatten die Bauernziegeleien ab 1881, als der Hamburger Freihafen gebaut wurde und gewaltige Mengen Backsteine und hart gebrannte Klinker später auch für den Wohnungsbau der Millionenstadt gebraucht wurden: Ganze Flotten von Ziegel-Ewern segelten damals auf dem Strom.
Für das Alte Land war die Abziegelung großer Flächen nicht gut. Noch heute gibt es Flächen, die Ödland oder nur noch als Weideland zu gebrauchen sind, weil zuviel Ton abgegraben wurde.

In der kleinen Ziegelei von Hinrich Quast in Groß-Hove stellten sich die Lippscher 1907 zum Foto

Die meisten Ziegeleien lagen nahe am Wasser; Steinewer wie in diesem niederelbeschen Prielhafen beförderten die Fracht ins nahe Hamburg. Nur eine einzige arbeitet noch: das Neuenfelder Klinkerwerk

Mehr Lipper Ziegler konnten mehr Steine backen, als in der Ziegelei von Wehrt in Borstel 1889 ein großer Ringofen gebaut wurde. Auf dem Wagen links stehen die kleinen Jungs aus Lippe-Detmold, die tüchtig mitarbeiteten, den ganzen nicht lieben, aber langen Tag

Die ersten Fremdengänger

Einst waren viel Weber im lippeschen Land –
So hat meine Mutter gesagt.
Doch als man die Webemaschine erfand,
Da haben die Weber geklagt:

»Das Weben, es bringt uns nichts mehr ein,
Wir weben zu langsam und grob,
Die Maschinen weben so schnell und so fein,
Und wir verhungern darob.

Drum wollen wir ferner nicht Flachs mehr sä'n.
Beim Weben leiden wir Not,
Wir gehen nach Holland, nach Friesland hinaus
Alle Jahre um die Wiesenmähzeit
Und kehren im Herbst zufrieden nach Haus
Und waren recht fröhliche Leut.

Und als man die Mähemaschinen erfand,
Da war's mit dem Mähen vorbei.
Was taten die Männer im lippeschen Land?
Sie gingen auf Ziegelei.

Sie zogen als Ziegler hinaus in die Welt
Und scheuten nicht Mühe und Plag,
Erwarben sich Gunst, verdienten schön Geld.
So gehts bis zum heutigen Tag.

(vom dichtenden Ziegler Friedrich Wienke
in Brakensiek, Lippe)

Wie Jork dank Lessing in die Literaturgeschichte einging

Das immer wieder falsch (York) geschriebene Jork gilt als Hauptort und Verwaltungszentrum des Alten Landes. Das Marschhufendorf liegt in der Mitte zwischen dem Lühekirchdorf Mittelnkirchen und Königreich an der Este. Ursprünglich waren die Häuserreihen an einen in Ost-West-Richtung gegrabenen Entwässerungskanal, die Jorker Wettern, angelehnt. Die Wettern entwässerte in ein Flüßchen, das in Neukloster zu Fischteichen der Benediktinerinnen gestaut ist und von dort elbwärts fließt. Als Jorker und Borsteler Fleth mündet es in die Süderelbe. Wo sich Fleth und Jorker Wettern kreuzten und der Obstmarschenweg mit der Straße Neukloster–Jork, entstand am Anfang der holländischen Besiedlung die Ortsmitte: Die vier Eckgrundstücke wurden Leuten mit zentralen Aufgaben verliehen: dem Siedlungsführer, des Erzbischofs von Bremen Vogt und Steuereinnehmer, der den Zehnten kassierte, und der Kirche Sankt Matthias, die schon 1221 erwähnt wird.

Seinen Namen bekam das Dorf von der curia majorica, dem Hof zum Jork. Ihn bewohnte anfangs das Rittergeschlecht von Jork, das im 14. Jahrhundert an der Ostkolonisierung teilnahm. Ein Gerd von Jork war Großmeister des Deutschen Ordens in Livland (Lettland/Estland). Der Jorker Hof wurde Sitz der vom Erzbischof eingesetzten Verwaltungsbeamten, der Gräfen. Die zweigeschossigen Fachwerkbauten stammen aus der zweiten Hälfte des 17. Jahrhunderts. Der Gräfenhof mit Langbau unter tief herabgezogenem Reetdach hatte einen zweigeschossigen Querbau als Herrensitz des Gräfen Matthäus von Haren, der am Ende des 30jährigen Krieges von dem schwedischen Statthalter in Stade, von Königsmarck, eingesetzt wurde.

Von Haren ließ 1659 das erste Jorker Gerichtshaus bauen, in dem das Gräfengericht tagte und das Landgräfting des Alten Landes, eine Art Ständeparlament und

Plattdeutsch verstand die schwedische Besatzung nicht, Altländer tanzten nach dem Lied:

Die Jungs sangen:
Hoppdidelupp, den swed'schen König,
hoppdidelupp, den deen ick nich,
Dörtig Schillinge sind to wenig,
und sin Brod, dat smeckt mi nich.

Die Deerns sangen:
Hoppdidedupp, du geele Toter (Zigeuner)
vun Baron vun Gyldenstiern,
wisch di't Muul, du grise Koter,
krigst doch keen Ollanner Diern«.

(Nils Graf Gyllenstierne of Fogelvik war 1698–1711 schwedischer Generalgouverneur in Stade)

Vor dem Jorker Gräfenhof wird die Obstblütenkönigin 1982 gekrönt

Die Gemeinde Jork bewahrte das Haus der Gräfen von Haaren vor dem Verfall; es ist jetzt ihr Rathaus

Berufungsgericht, sich versammelte. Als es nach 100 Jahren zu klein wurde, zogen Gericht und Verwaltung an die Nordwestecke, und das Ständehaus wurde Privatbesitz. 1929 sollte es abgerissen werden, weil die Straße verbreitet werden mußte. Da rief der Heimatforscher und Mittelschulrektor Hans Peter Siemens öffentlich zur Rettung dieses historischen Bauwerks auf. Der Oberpräsident der preußischen Provinz Hannover, Gustav Noske, zeigte Verständnis und verkaufte das Haus für 'n Ei und 'n Butterbrot an einen holsteinischen Bauunternehmer, der das Haus auf Rollen setzen und einige Meter nordwärts schieben ließ. Diese Geschichte wurde in einer Inschrift über der Eingangstür festgehalten. Fast ein halbes Jahrhundert wurde das Gebäude so als Mietshaus erhalten. Jetzt gehört es der Gemeinde Jork, die darin die öffentliche Bücherei und das Altländer Archiv untergebracht hat.

Der Gräfenhof ging 1783 durch Verkauf an den Bauern Tewes Wilkens über. In den sechziger Jahren drohte dem Herrenhaus völliger Verfall, das Langhaus wurde bis auf einen Stummel abgebrochen, damit der Besitzer Platz für ein neues Wohnhaus erhielt. 1971 erwarb die Gemeinde Jork das Herrenhaus und ließ es in jahrelanger Arbeit restaurieren und als Rathaus einrichten. An Stelle des früheren Langhauses ließ der Architekt Walter Ganske das Altländer Bauernhaus Westerjork 55 an den Querbau fügen. Der schöne Hausgiebel wurde dadurch gerettet, wenngleich etwas verändert: Um das schöne Wappen über der Grootdöör zu bewahren, ließ er die große Tür an Stelle der Brauttür in den Wohngiebel setzen. Die Brauttür ist jetzt an der Nordseite und sinnigerweise Eingang zum Standesamt.

Von besonderem Reiz ist die Kirchenwurt mit der Reihe kleiner Handwerkerhäuser, die sich im Halbkreis um den Kirchhof drängen.

Zu den Bauten aus dem 17. Jahrhundert gehört auch Sievers Hotel mit Giebel zum »Umweg« und Traufenseite zur Hauptstraße und einem hübschen plattdeutschen Spruch, der Gäste lockt: »Hier ward ook Krüsche satt«. Krüsche, das sind verwöhnte Gaumen, denen nichts gut genug ist.

An den Erbauer und Gestalter des Jorker Ortsbildes erinnert diese Gedenktafel an der Kanzel der Matthias-Kirche

Heute, über 50 Jahre nach dem verschobenen Ständehaus, ist wieder Straßenbau fällig. Die Bebauung der beiden westlichen Ecken ist bereits verschwunden, an der Südecke der Altländer Hof und nördlich davon das Gericht mit dem Gefängnis. 1852 residierte dort im Obergeschoß der Amtsgerichtsrat und unten der Amtmann. 1885 wurde das Alte Land zum preußischen Landkreis mit Jork als Sitz des Landrats und Buxtehude als einziger Stadt zusammengefaßt. Alle Proteste halfen nicht, als 1932 der Kreis Jork aufgelöst wurde und die Erste und Zweite Meile dem Landkreis Stade, die Dritte Meile dem Kreis Harburg zugeteilt wurde. Schon fünf Jahre später wurde das »Schlachten« fortgesetzt, Teile der Dritten Meile kamen zu Hamburg. Seit 1972 ist Jork Zentrum der großen Einheitsgemeinde der Zweiten Meile.

Das Jorker Ständehaus, wo das Altländer »Parlament« tagte, wurde nicht abgebrochen, aber verschoben und beherbergt jetzt die Gemeindebücherei und das Altländer Archiv

In der ehemaligen Reithalle, jetzt Altländer Festhalle, treffen sich in jedem Frühjahr mehr als tausend Obstbauern und Fachleute aus Niedersachsen, Schleswig-Holstein und Hamburg zu den Norddeutschen Obstbautagen. Seit 1936 hat die Obstbauversuchsanstalt der Landwirtschaftskammer Hannover hier ihren Sitz mit Zweig im Versuchsbetrieb Esteburg. Nichts ist in den letzten Jahren im Obstbau ohne die wissenschaftliche Begleitung, Beratung und Forschung aus der Jorker Anstalt geschehen. Wenn heute übers ganze Land verteilt Obstsortier- und -lagerhallen stehen, unterhalten von großen Erzeuger- und Absatzgenossenschaften, so sind die vorbereitenden Arbeiten aus der OVA gekommen. Der seit langem überlieferte Obsthandel hat sich auch eine beherrschende Stellung auf dem Hamburger Obstmarkt und im Fruchtimport und -export erobert.

Unter den Altländer Familien, die ihre Söhne in Hamburg lernen ließen, ragt die Familie Schuback hervor. Nicolaus Schuback wurde »Ältester Bürgermeister« der nahen Hansestadt. Sein Sohn Johannes gründete 1757 die Firma Johannes Schuback. In seinem Jorker Haus wurde die Hamburger Kaufmannswitwe Eva König mit dem Dichter und Philosophen Gotthold Ephraim Lessing getraut. Schuback hatte Eva König bei der schwierigen Nachlaßregelung geholfen, nachdem ihr Mann auf einer Geschäftsreise in Venedig gestorben war. König und Lessing waren während der Hamburger Jahre des Verfassers der »Hamburgischen Dramaturgie« befreundet. Als Lessing wohlbestallter Bibliotheksrat in Wolfenbüttel geworden war, konnte er eine Familie ernähren und sich mit Eva König verbinden. Die Hochzeit sollte aber in aller Stille vor sich gehen. Dazu war der Jorker Schuback-Hof gut geeignet. Lessing wollte sich dafür nicht einmal einen neuen Rock nähen lassen.

Die Jorker Kirche, in der nach altem Herkommen die Familien ihre Stammplätze auf den Bänken haben, bei einem Gottesdienst mit Pastor Ubbelohde

Eva Königs Schwager, der herzoglich-braunschweigisch-lüneburgische Postmeister in Hamburg, Fritz König, war einziger Gast bei der Traufeier und holte Lessing von Buxtehude ab, wohin er mit der Post von Celle gekommen war. In Jork soll der Dichter beim Spaziergang durch den Obsthof Bekanntschaft mit den im Herbst von grünem Entenflott zugewachsenen Gräben gemacht haben. Er sprang zu kurz und fiel ins Wasser. Nur mit Mühe gelang es Johannes Schuback, den berühmten und nun verärgerten Gast von der sofortigen Abreise zurückzuhalten. Durch diese Heirat ist Jork in die Literaturgeschichte eingegangen. Am Platz der Trauung, vor dem Sparkassengebäude, erinnert eine Bronzetafel auf einem Findling an dieses Ereignis.

In der Jorker Kirche, die um 1709 neu aufgebaut wurde, ist der Name Schuback in Bankwangen mehrfach eingekerbt. Den barocken Altar schenkte 1710 Claes Schuback. Dafür erhielt er einen Stuhl mit Wappen rechts vom Altar und später ein Begräbnis in der Kirche.

Schuback-Nachkommen verbanden sich 1815 mit der aus Holland stammenden Familie Amsinck. Johannes Schubacks Tochter Elisabeth heiratete den Hamburger Bürgermeister Wilhelm Amsinck. Seitdem wird das Hamburger Im- und Exporthaus – jetzt in sechster und siebenter Generation – von den männlichen Nachkommen mit Namen Amsinck geleitet. Zum 225jährigen Firmenjubiläum 1982 führte Oswald R. Amsinck seine Mitarbeiter in die Jorker Kirche.

Trauungen in der kleidsamen Altländer Tracht waren nach 1900 schon ganz aus der Mode gekommen. Der Sinn der Bewohner für Tradition ließ die alte Kultur wieder aufleben: 1971 zur 750-Jahr-Feier von Jork wurde der »Verein zur Erhaltung und Förderung Altländer Kultur« gegründet von Heinz Heerenklage und Carl Röper und eine Altländer Trachtengruppe von Obstbauer Hinrich Behr. Viele Frauen unterstützten ihn dabei, indem sie aus ihren Truhen lange bewahrte Schätze hervorholten: schwarze Jacken mit Tressen, silberne Schuhschnallen, rote Schnurröcke und bestickte weiße Schürzen.

Seit 100 Jahren glauben die Leute von Borstel, daß ihr Seemann Hinrich Meier König von Tonga wurde

Von Jork und von der Geest aus ist Ladekop zwischen Neukloster und Jork besiedelt worden. Das Fleth teilt das Straßendorf in Oster- und Westerladekop. Seine Obstwälder reichen bis an die Moorwettern im Süden und werden im Westen vom Mittelnkircher Hinterdeich begrenzt. Das ist kein Deich mehr, sondern eine Straße, an der Hans-Dieter Ritter, Obstbauer und Feierabend-Maler, ein kleines Heimatmuseum mit altem Bauerngerät (Lederschuhe für Pferde, Holzpflüge, Kleigräberschaufeln) eingerichtet hat. Zwischen Boxen, in denen Kühe und Pferde ihre Tröge hatten, entstand seine Kunstgalerie »neue diele«.

Weniger als tausend Meter nördlich der Jorker Matthias-Kirche spiegelt sich schon wieder ein Kirchturm im Fleth: die St. Nikolaus-Kirche zu Borstel. Dieses Gotteshaus ist eine »Wanderkirche«. Bis zum 14. Jahrhundert stand sie in Elbnähe auf dem heutigen Hahnöfersand, der damals zum Festland gehörte. Das Kirchspiel hieß wie das Fleth: Zesterfleth. Das soll vom plattdeutschen Sössfleth = sechs Flethe herkommen. Die söss Flethe waren von Ost nach West Sumfleth, Huttfleth, Quarrenfleth. Bardenfleth, Twielenfleth und Bassenfleth.

Die Kirche von Sössfleth soll von der Sturmflut 1470 zerstört, in Kahlenhusen (Kohlenhausen) neu aufgebaut und schließlich nach Borstel (Bauer-Stelle) verlegt worden sein. Die Ruinen der Kirche St. Nicolai auf Hahnöfersand (= Zesterfleth) sind noch zu Beginn des 18. Jahrhunderts bei Ebbe zu sehen gewesen.

In der Nikolaikirche sind eine Glocke vom Jahre 1200 und ein bronzenes Taufbecken vom Beginn des 14. Jahrhunderts erhalten geblieben. Die 130 Zentimeter große Eichenfigur einer Madonna mit Jesuskind auf

Der alte Borsteler Hafen war voller Obstewer und Masten, als er noch zur Elbe offen war. Täglich wurde hier während der Ernte Obst nach Hamburg und Berlin verladen

Brücke über der Neuenschleuser Wettern; hier am Mittelnkircher Hinterdeich 176 hat der malende Obstbauer Hans-Dieter Ritter seine Galerie »Neue Diele« mit Heimatmuseum

Kunst auf der Diele, aber auch in hübsch eingerichteten Wohnstuben

In diesem Bauernhaus in Neuenschleuse 2 kam 1815 der Matrose Hinrich Meier zur Welt; sein Vater war Seelotse. Kunstmaler Hans Förster malte Schiff und Namen 1924 an den Kirchstuhl der Familie.

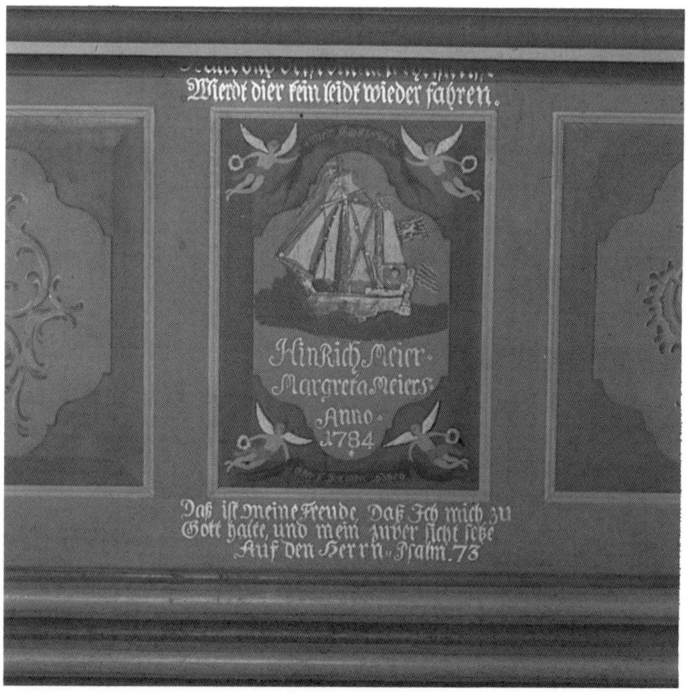

einer Sichel, deren alte Fassung und Farbe nicht mehr erhalten sind, soll im letzten Viertel des 15. Jahrhunderts entstanden sein. Nach der Legende ist sie bei der Sturmflut abgetrieben und von Fischern wieder aus der Elbe geborgen worden.

Hahnöfersand ist nach 1900 aus Elbsand aufgespült und für die Hamburger Justizbehörde als moderne Jugendhaftanstalt ohne Gefängnisgitter aufgebaut worden. Russische Kriegsgefangene pflügten die Insel 1915 mit Hilfe von Dromedaren aus Hagenbecks Tierpark. Im Zweiten Weltkrieg wurde das Gefängnis geräumt und die Insel als »Finkenwerder« getarnt: Statt auf die Deutsche Werft warfen britische Bomber ihre Granaten auf Hahnhöfersand ab. Nach 1976 wurde die Insel eingedeicht.

Die Borsteler Nikolaikirche hat ihren Reiz durch die Bemalung des alten Gestühls durch den Hamburger Hans Förster erhalten.

Der alte »Krug« neben der Kirche, jetzt Gemeindehaus, das Königsmarcksche Haus und der Torso der Windmühle auf dem Elbdeich waren im 16. Jahrhundert im Besitz des Altländer Gräfen Nikolaus Dehmel. Von ihm kaufte der Eroberer der Prager Kleinseite, der Feldmarschall in schwedischen Diensten Hans Christoph von Königsmarck, den zweigeschossigen Herrensitz mit Langhaus. Der Querbau ähnelt dem Jorker Gräfenhaus, in der Eingangshalle sind barocke Treppen mit geschnitztem Geländer erhalten. Seit 1790 gehört der Hof der Familie Wehrt.

Borstel erhält seinen Reiz vom Fleth zwischen Brücke und Schöpfwerk. Die Ostseite heißt Große, die andere Kleine Seite. Hier wohnten die »kleinen Leute«, der Hafen- und Strandvogt, Fischer, Kleinschiffer, die im Borsteler Hafen zu tun hatten. Um 1900 herrschte am Hafenpriel Hochbetrieb, wenn im Herbst Äpfel zum Hamburger Markt und nach Berlin auf Kähne verladen wurden.

Auf der Kleinen Seite wohnte auch der Gemeindediener Michael Bartels, den Gastwirt Johann Wehrt in Neuenschleuse als Kronzeugen für sein abenteuerliches Seemannsgarn benannte. In Jan Wehrts gastlichem Haus »Zur Erholung« verkehr-

Tonga-König Georgs I. Nachkommen sind groß und stark wie er selbst, Enkelin Salote auf einer Briefmarke

Gewichtig ist auch Taufa'ahau Tupou IV., der jetzige Herrscher auf den »Freundlichen Inseln«. Nicht weit von Hinrich Meiers Geburtshaus übernahm er ein bei Sietas für Tonga gebautes 6000-Tonnen-Schiff

ten viele Sportsegler. Hier ließ sich schon der Herzog von Windsor eine Spezialität des Alten Landes, den Kirschpfannkuchen, schmecken. Seinen Gästen erzählte der Wirt gern die Geschichte vom Seemann Hinrich Meier aus Borstel, dessen Geburtshaus in Borstel-Neuenschleuse Nr. 2 noch vorhanden ist.

Hinrichs Vater war Elblotse, seine Schwester Mette war die Großmutter von Jan Wehrt, der daher auch bis zu seinem Tode 1964 am Schicksal seines verschollenen Großonkels Anteil nahm. Hinrich Meier wurde 1815 geboren und fuhr mit 15 Jahren zur See. Er kehrte 1848 noch einmal zurück, um seine erblindete Mutter zu besuchen. Von Geestemünde aus ging er dann mit einem Segler auf große Fahrt. Seitdem galt der Matrose als verschollen: Sein Schiff soll in der Südsee auf einem Riff zerschellt sein. Aber Jahrzehnte danach tauchte der Seemann Bartels in Borstel auf, der verblüffende Kunde von Hinrich Meier mitbrachte. Auf einem deutschen Kriegsschiff war Bartels nach den Tonga-Inseln in der Südsee gekommen. Der König von Tonga, der sich Georg I. nannte, hätte einen Besuch an Bord gemacht, und da hätte dieser gewichtige, an die drei Zentner schwere große Mann auf Plattdeutsch gefragt: »Is denn keen an Bord, de ut Ollann kummt?« Als sich der Matrose meldete, habe der König ihm erzählt, wie er als einziger von seiner Segelschiffbesatzung bei den Tonga-Inseln gestrandet wäre. Die Insulaner hätten ihn gut aufgenommen und nach einer Weile sogar zum König gemacht. Auf die Frage, warum er seine Heimat nicht besuchte, habe er auf eine Schar Kinder gezeigt: »Wenn die Altländer mich mit den Mulattenkindern sehen, laufen sie hinter mir her und lachen mich aus.«

An der Geschichte ist wahr, daß es den Matrosen gegeben hat. Er kann mit der kaiserlichen deutschen Korvette »Gazelle« bei den Tonga-Inseln gewesen sein: Sie war das erste deutsche Kriegsschiff das die »Freundschaftsinseln« auf ihrer Reise 1874–76 besuchte. Matrose Michael Bartels hatte diese Reise wohl mitgemacht und gleich danach in Borstel geheiratet und die Anstellung als Gemeindediener bekommen. Wie er auf die Erzählung über den Südseepotentaten kam, wird sein Geheimnis bleiben. Im Expeditionsbericht des »Gazelle«-Kommandanten steht jedenfalls nichts davon. Und die Nachkommen des Königs, seine Enkeltochter Salote, die an den Krönungsfeierlichkeiten in London teilnahm, und ihr Sohn, der 1979 in Hamburg ein Schiff für Tonga kaufte, stritten entschieden ab, etwas von ihrer Altländer Herkunft zu wissen. Der Gemeindediener Bartels, mit wenigen Dienstjahren bei der kaiserlichen Marine, wird wohl keine große Pension bekommen haben und für jeden Grog dankbar gewesen sein, den ihm Jan Wehrts Vater spendierte; und mit jedem Grog wird sein Seemannsgarn von der Reise in die große weite Welt länger geworden sein. Kinder und Enkelkinder von Wehrt und Bartels aber haben jeden der über Hinrich Meier von Tonga erschienenen ausführlichen Zeitungsartikel sorgfältig ausgeschnitten und wirklich auf den Besuch ihres königlichen Verwandten aus Fernost gewartet. Das Märchen war zu schön, um wahr zu sein. Trotzdem lassen sich auch heute noch Altländer, die auf Tonga waren und die für die Südseeinseln ungewöhnliche Größe der Herrscherfamilie gesehen haben, schwer davon abbringen, daß die Geschichte doch wahr sei.

Die »Kleine Seite« in Borstel ist gemütlich. Hier wohnten die »kleinen Leute«, auf der Großen Seite steht das Königsmarcksche Haus neben Kirche und Krug

Elke Mohr, die aus Steinkirchen stammt, strahlte vor Freude. »Kirschenland«-Gastwirtin Meta Pickenpack hatte ihre Truhen geöffnet und dem jungen Mädchen angelegt, was schon um 1800 ihre Großmutter getragen hatte

Und so reich ist die Braut geschmückt: Karen Mählmann aus Borstel-Wisch trug beim Fest der Jorker Trachtengruppe den »sölbern Bossen« (silberne Brust): Die Jacke ist an 40 filigrangeschmückten Haken mit einer meterlangen Silberkette verschnürt

Schönes Filigran schmückt die Altländer Trachten

Altländer Kultur, die sich an Größe und Zierat der Häuser, im geschnitzten Mobiliar, Schränken, Truhen und Stühlen zeigt, hatte ihre Blüte nach dem 30jährigen Krieg, als sich die Marsch eher erholte und zu Wohlstand gelangte als die Städte. In dieser Zeit begannen die Altländer auch, eine durch üppigen Filigranschmuck auffallende Landestracht zu entwickeln, die sich zwar in den folgenden beiden Jahrhunderten ständig änderte, heute aber als fester Brauch überliefert ist. In der zweiten Hälfte des 19. Jahrhunderts wurde es modern, sich auf dem Lande städtisch zu kleiden. Die Grünendeicherin Alice Osse Gosch sammelte ihr Leben lang Trachtenstücke und veröffentlichte ihr Wissen mit vielen Fotos 1948 in einem Büchlein. Nach ihrem Tode wurde ihre kostbare Sammlung in das Stader Heimatmuseum aufgenommen. In ihrer Jugendzeit – um 1890 – trugen noch die Hälfte aller Frauen im Ortsteil Mojenhörn (Grünendeich) die alte Tracht. Um 1840 war es eine große Seltenheit, wenn eine Frau modische Kleidung trug. Auf den Ruf »Kiek gau ut, dor löppt 'n Hösche!« drängten jung und alt ans Fenster, um das Wunder zu bestaunen. Für Obstverkäuferinnen auf dem Hamburger Gemüsemarkt war die Tracht so etwas wie ein Markenzeichen, das sie von den Vierländerinnen und den Bardowickerinnen unterschied. Als die Verkehrsmittel besser wurden und es sich einbürgerte, daß junge Mädchen aus dem Alten Land in Hamburg in Stellung gingen, kamen sie oft als »Hösche« zurück. Das Wort läßt sich am besten mit »was Höheres« übersetzen.

Zuerst verschwand die Tracht in der ersten und zweiten Meile, an der Este und im Hamburger Teil dagegen erst im 20. Jahrhundert.

Alice Osse Gosch bedauerte diese Entwicklung und wünschte sich einen Heimattag, »vielleicht zur Kirschblüte, an dem alle Männer und Frauen, die noch Kleider und Schmuckstücke der Vorfahren besitzen,

Das »Bruuthart« (Brautherz), eine Halsspange mit Filigranbommeln und bunten Glassteinchen

Knöpfe aus Silberfiligran so groß wie Taubeneier werden an die Jackenärmel genäht

Als einer von ihnen Hochzeit machte, standen Jungs und Deerns der Trachtengruppe vor der Jorker Kirche Spalier (Bild unten)

Soviel Schmuckes hatten die Besucher lange nicht gesehen wie beim zehnjährigen Jubiläum der Altländer Trachtengruppe – hier beim Spaziergang unter Kirschen in Jork

diese anlegen können«. Viele Trachten sind damals, einige auch heute noch erhalten geblieben, fest verschlossen in den Truhen der Altländerinnen. Heimat- und Trachtenfeste gab es schon in den Jahren vor dem ersten Weltkrieg, als das schönste Altländer Bauernhaus, das die Eheleute Ropers 1733 in Huttfleth (Steinkirchen) errichten ließen, ins Freilichtmuseum auf der Insel in Stade umgesetzt wurde. Auch später haben Heimatbewegungen »dat Ollanner Tüch« wieder ans Tageslicht geholt.

Der Jorker Trachtengruppe liehen heimatbewußte Altländerinnen ihre wertvollen Schätze. »Kirschenland«-Gastwirtin Meta Pickenpack (†) aus Lühe-Wisch, die Schmuck und Kleider ihrer Großmutter bewahrte, wußte noch, wie praktisch die weiten Trachtenröcke während der Franzosenzeit bei Schmuggelfahrten (für Tee und Kaffee) nach Hamburg gewesen waren. Sie brachte den jungen Mädchen bei, wie man am Spinnrad früher Flachs spann – Hanf und Flachs waren im 18. Jahrhundert noch die meist angebauten Ackerfrüchte des Alten Landes.

Im Sommer 1981 lernten vier Hausfrauen aus Grünendeich und Hollern unter Anleitung von Elisabeth Lemke Erinnernswertes aus der Geschichte und Kultur des Alten Landes, beschafften sich Altländer Trachten und begannen, Besuchergruppen sachkundig durch das Land zu führen. Mit dem dabei verdienten Geld ergänzten sie nach und nach ihren Trachtenkleiderschatz. Einen Teil nähten sie und stickten sie selbst, vieles mußten sie machen lassen, dafür gingen schnell tausend Mark drauf.

Am teuersten an der Tracht ist der Filigranschmuck: Knöpfe für die Jacke, Silberschnallen für die Schuhe, Halsketten aus Filigran, Silber und Bernstein, Broschen und »Bruuthartje« (Brautherz), das die »Wuss« um den Hals vorn zusammenhält. Silberfiligran wird seit Jahrhunderten von Buxtehuder Goldarbeitern für das Alte Land und auch für die Nordfriesischen Inseln hergestellt. Zwei Goldschmiedewerkstätten besitzen noch alte Vorlagen und Muster, nach denen das Filigran (von lateinisch filum = Faden und granum = Korn) gemacht wird. Ein silbernes Bruuthartje, vergoldet, kostet bis zu 500 Mark, für Filigran-Ärmelknöpfe muß man 150 bis 200 Mark ausgeben. Im Buxtehuder Heimatmuseum sind eine alte Schmucksammlung und eine ganze Werkstatteinrichtung zu sehen. Da ist ein Arbeitsplatz mit Esse, Amboß, Werkzeug und einer Ziehbank, auf der ein »Silberdrahtzieher« millimeterstarken Draht zu 0,2 mm dünnen Fäden dehnt. Durch Zwirbeln, Drehen, Rollen und Plätten zweier solcher Fäden entsteht der körnige Brinkeldraht, aus dem der Goldschmied seine feinen Muster formt.
In der Tracht hatten fast alle Dörfer ihre Eigenheiten. So setzen die Fremdenführerinnen aus Grünendeich die aus Hollern stammende »halbe Mütz« aus bunter Seide auf, die den Haaransatz freiläßt, während die Jorkerinnen Stirn und Haar mit einem Kopftuch bedecken, das in alter Zeit höchstens bei großer Hitze weggelassen wurde. Die Frauentracht besteht aus Jacke, Brusttuch, Wuss (Halswulst), Rock, Schürze, Mütze mit Kopftuch und Schmuck. Das »Drunter« sei hier auch verraten: ein ärmelloses »Nerrhemd« (Unterhemd) aus selbstgesponnenem Leinen, ein Oberhemd, das bis in die Taille reicht, mit dreiviertellangen weiten Ärmeln, ein Rump (Rumpf, Leibchen), zwei bis drei selbstgestrickte Unterröcke und weiße, bis zum Knie reichende Strümpfe mit rot eingestickten Namen sowie 3 cm breite Strumpfbänder aus Leinen.

In zwei Buxtehuder Goldschmiedewerkstätten werden noch Filigranarbeiten gefertigt. Altmeister Brunckhorst (†) am Werktisch

Silberbestecke mit Filigranstiel sind beliebte Geschenke. Beim Galadiner im Rathaus dürfen sie nicht fehlen (Bild unten)

Um 1890 ließ sich Johann Hinrich Behr in Groß Hove mit seiner Frau in Tracht fotografieren. Enkelsohn Hinrich gründete die Altländer Trachtengruppe

Gräben wie mit dem Lineal gezogen: Die Steinkircher Neuwettern entwässert das Obstland westlich der Lühe durch das Wetterndorfer Schöpfwerk in die Elbe

Alltags trugen sie Holz- oder Lederpantoffeln, bei grober Außenarbeit lederne Hofschuhe, sonntags Schnallenschuhe und die älteren Frauen Lackpantoffeln oder bestickte Wollpantoffeln. Über dem Brusttuch wurde die Jacke wie ein Schuh mit langer Silberlitze an Haken verschnürt. Am dreiviertellangen Ärmel hingen je sechs Filigranknöpfe.

Die Krönung war das über der Mütze getragene Scheiddok (Scheiteltuch), oft so hoch, daß es bei Regen auf die Nase knickte und von Mannslüd gern flachgedrückt wurde. Einmal im Leben der Frau trat die Brautkrone an seine Stelle, ein hoher Kopfschmuck aus Brokathaarband, dem mit künstlichen Blümchen, Federn, Flitter, Gold- und Silberplättchen benähten Flunkkranz (Flunk = Flügel) und zwei hochstehenden, mit Goldtressen eingefaßten Brokatflügeln. Diese Krone lieh die Frau Pastorin zum Preise von sechs Talern aus.

Spaziergang auf dem Lühedeich, von oben in die Höfe gucken, Wasser und Boote sehen und unter Blütendächern wandeln: Frühling an der Niederelbe

Bienen sind die ersten Besucher, wenn die Kirschen blühen. Beim Nektarsammeln bestäuben und befruchten sie »versehentlich« die Blüten

Das Märchen vom Weihnachtsapfel Ingrid Marie 100-Mark-Schein für ein Mäd-chen

»Zur Obstblüte nach Lühe« heißt der Schlachtruf der Ausflügler, die es um den 1. Mai fast unwiderstehlich in das Blütenparadies, ins Alte Land zieht. Die Kelche der Süßkirschen öffnen sich zuerst – als »weiße Blüte«, wenn sie noch vor den bernsteinfarbenen Blattknospen sprießen, als »grüne«, wenn die Blätter schon zu sehen sind. Auf den Kirschblütenbeginn hat sich auch der Verkehr auf der Elbe eingestellt: Die Niederelbe»dampfer« fahren dann stündlich von Hamburg-Landungsbrücken nach Lühe ab.
Kirschen blühen überall im Alten Land, aber nirgends so dicht und so greifbar wie an und auf den Deichen zwischen Horneburg und Lühe. Der Name des kleinen Flusses, der oberhalb von Horneburg »Aue« heißt, steht an der Landebrücke der Hadagschiffe: »Lühe«. So heißt auch ein Ort rechts der Lühemündung, der noch zu Borstel gehört, und ein Leuchtfeuer für die Elbschiffahrt: Lühedeich am linken Ufer ist Teil der Gemeinde Grünendeich. Fährhaus/Lühe heißt ein großes Ausflugslokal beim Sperrwerk an der Mündung der Lühe in die Elbe.
Im Mittelalter hieß der Fluß Lu, den Namen eignete sich die erste Holländersiedlung an und erweiterte ihn zu Steinlu, als dort eine Steinkirche gebaut wurde. Dann folgten flußauf am rechten Ufer Mitteln- und Neuenkirchen, während sich am linken Ufer das Viertel der »guden Mannen«, der Adels- und Ritterfamilien und Dienstmannen, anschließt: Guderhandviertel. Den Namen Lühe wählte sich auch die Samtgemeinde, unter deren Dach sich die Dörfer der 1. Meile und rechts der Lühe 1972 vereinten.
Im Mai blühen sie, im Juni und Juli werden sie gepflückt, die saftigen, süßen roten, gelben und schwarzen Kirschen. Wenn sie

Wenn die Sonne sinkt, scheinen die weißen Blüten nachzuleuchten: Blütenzauber in Guderhandviertel

Wer es bezahlen kann, schützt seine Kirschbäume mit Netzen gegen die gefräßigen Stare; man nennt sie hier Sprehn. Diese Altbäuerin in Ladekop verscheucht die Räuber nach alter Art der Sprehnhüter, indem sie mit der Kinderknarre knattert

Der weißen Kirschblüte folgt die rosa schimmernde Apfelblüte; im Herbst hängen die Äste schwer beladen wie hier der Weihnachtsapfelbaum Ingrid Marie, und jung und alt haben alle Hände voll zu tun, die Fülle zu bergen

Wenn sich das Laub verfärbt, wird die Apfelernte eingefahren wie hier hinter dem Elbdeich bei Richard Stechmann, Lühe 36, dessen schöner Hof mit Pforte zu den Baudenkmalen im Alten Land zählt

Kirschen werden – hier in Grünendeich – in flachen Steigen verladen; eilige Fracht

um 1900 in flachen Stiegen verpackt, auf Ewern gestaut und im sachten Transport über die Elbe nach Hamburg verschifft wurden, rissen die Straßenhändler und Obstaufkäufer sie den Bauern aus den Händen. Heute werden die Früchte auf der Straße transportiert und treten auf den Großmärkten in Wettbewerb mit Weichobst aus ganz Europa.

Altländer Kirschen waren schon immer berühmt. Besuchern des Kirschenlandes boten die Obstbauern einen Hundertmarkschein, wenn sie ein einziges Mäd-chen in ihren Kirschen fänden. Die Besucher fanden aber keins: Altländer Kirschen sind madenfrei. Wenn sich an der Elbe die Früchte zu färben beginnen, ist es der Kirschfruchtfliege noch zu kalt.

Nachtfröste sind aber auch eine Gefahr für die Blüte. Sie war geringer, als die Bäume

in Elbnähe und am Wasser der Gräben standen, das im Frühjahr wie eine Zentralheizung wirkte. Als der Obstbau nach 1945 auf die niedriger gelegenen Flächen zum Moor hin ausgedehnt und die Gräben in weiten Teilen der Marsch zugeschüttet wurden, mußten die Bauern künstliche Beregnungsanlagen schaffen. Sinken die Temperaturen unter null Grad, werden die blühenden Bäume beregnet und die Blüte durch Eiszapfen »gewärmt«.
Was den Frost überstand und zur Frucht reift, stehlen die Stare. Sie fallen in großen Schwärmen in die Bäume ein und zerfetzen die Früchte, daß Blätter und Kirschen von rotem Saft bespritzt werden. Seit hundert Jahren kämpfen die Obstbauern gegen die »Sprehn« mit Vogelscheuchen und Lärm. Der Inhalt ganzer Kleiderschränke flattert an langen Stangen über den Bäumen, in der Sonne glitzernde Bänder scheuchen die Räuber. In den Sommerferien streiften früher Schulkinder als Sprehnhüter durch die Baumgärten und vertrieben die Vögel mit Geschrei und Kinderknarren. Klappermühlen lärmten im Wind über den Baumkronen. Aber die Stare gewöhnten sich an alles, auch an Knallscheuchen (automatische Donnerschläge, die von Gaskanonen ausgelöst werden), die nebenbei die im Alten Land wohnenden Städter aus dem Schlaf schrecken. Trotz allem naschen die Gefiederten noch bis zu 20 Prozent der Kirschernte. In ihrer Verzweiflung gehen die Obstbauern jetzt dazu über, ihre Bäume mit riesigen Vogelnetzen einzukleiden. Nur den Regen halten die Netze nicht ab: Wenn er in den Juliwochen nach Siebenschläfer als Dauerregen fällt, platzen die empfindlichen Früchte, und alle Mühe war umsonst. Die Kirschen taugen dann oft nur noch für die Saft- und Marmeladenindustrie.

Zum Glück läßt der Sommer nach den Kirschen noch die Pflaumen, Birnen, Zwetschgen, Äpfel und auch Beerenfrüchte reifen. Gegen andere Obstschädlinge sprühen die Bauern Schädlingsmittel. Im Jahre 1929, als eine Schädlingsplage die ganze Apfelernte vernichtet hatte, gründeten die Bauern den Obstbauversuchsring des Alten Landes und holten sich als Leiter den jungen Pomologen (Apfelwissenschaftler) Dr. Ernst-Ludwig Loewel, der den Obstbau wissenschaftlich erforschte und mit einem ganzen Mitarbeiterstab zum Wohle der 2000 Obsterzeuger tätig wurde. Nach seiner Pensionierung löste ihn sein Schüler, Dr. Karl-Heinz Thiemann, ab.
In der 1936 gegründeten Obstbauversuchsanstalt in Jork wurden bis vor wenigen Jahren auch neue Kirschen- und Apfelsorten gezüchtet. Das war in früheren Jahrhunderten mehr oder weniger der Natur selbst überlassen, die viele Haussorten entstehen ließ.
Zufall und Wissenschaft sind die Väter von »Ingrid Marie«. So heißt neben dem »Cox Orange« die Spitzensorte niederelbescher Tafeläpfel. Das Märchen »Ingrid Marie« beginnt auf einem Schulhof der dänischen Insel Seeland. An einem Baum leuchteten im Herbst rotbackige Äpfel einer bisher unbekannten Sorte. Der Lehrer meldete seine Entdeckung der Fachwelt, die Sorte wurde durch Triebe vermehrt, eine neue Apfelmarke war geboren: Der Lehrer nannte sie nach seiner früh verstorbenen Tochter »Ingrid Marie«.
Einige dieser Triebe kamen im Kriegsjahr 1940 nach Jork. Hier wurde die neue Sorte von Professor Loewel hochgepäppelt als Sorte nach Maß für Boden und Klima an der Elbe.
Was viele tausend Besucher immer wieder an die Lühe lockt, sind nicht allein Blüte und Obst: Hier hat Altländer Liebe für Form und Farbe in Haus und Wohnung auch ihre schönsten Früchte getragen. In Guderhandviertel Nr. 50 steht der älteste Fachwerkbau des Alten Landes, ein Obstspeicher. Die plattdeutsche Inschrift im Giebel lautet: »Anno Domini 1587 Heinrich thom Velde düt hus int werck laten stellen Got wet hülpe und radt wen aller minschen trost ein ende hatt min höpen tho godt.« Das Bauernhaus daneben ist mehr als 300 Jahre alt und hat einen reich geschmückten Fachwerkgiebel. Solche Perlen jahrhundertealter Handwerkskultur reihen sich hinter beiden Lühedeichen und sind für Zugezogene Anreiz, es den Bauherrn von einst nachzutun. In Neuenkirchen hat Hausbesitzer Heinrich Hellwege – Bundesminister in der Adenauerzeit und

Ministerpräsident in Niedersachsen – ein Nachbarhaus restaurieren und durch eine neue Prunkpforte schmücken lassen. Das schöne Fachwerkhaus der Familie Schliekker in Guderhandviertel richtete sich die berühmte Schauspielerin Elisabeth Flikkenschildt vor einigen Jahren als Heim ein und verbrachte dort ihre letzten Lebensjahre. Viele Hamburger haben sich in den alten Häusern niedergelasen, die für Obstbauern zu unpraktisch und zu kostspielig geworden sind.
Die Häuser sieht der Besucher nur von außen, aber in die Lühekirchen kann er hineingehen: Die kleine Fachwerkkirche mit angebautem Holzturm in Neuenkirchen besitzt noch Reste eines 600 Jahre alten Altarschreins mit geschnitzten Apostelfiguren. Diese Johanneskirche wurde 1270 gebaut, als Benediktinernonnen hier ihre Wohnung fanden. Sie mußten ihr Kloster aber schon bald wegen Wassergefahr aufgeben und nach Bredenbeck (Neukloster) ziehen. An die Äbte von Harsefeld erinnern hier noch alte Kabinettscheiben.
Etwas größer ist die Backsteinkirche in Mittelnkirchen, dem alten media lu (= Mittellühe). Neben dem hohen Ziegeldach duckt sich der hölzerne Kirchturm, als wollte er vor Blitzen Schutz suchen. Der Prospekt einer Barockorgel, an der Arp Schnitger baute, füllt die Westseite. Vor dem Altar steht ein uraltes romanisches Taufbecken aus Granit.
Im Hauptort der ersten Meile, Steinkirchen, überragt eine den Schutzpatronen der Schiffer und Fischer, St. Martin und St. Nikolaus, gewidmete Kirche die Bürgerei als baulicher Höhepunkt. Über Findlingen und Backsteinen im Klosterformat erhebt sich das aus dem 18. Jahrhundert stammende Kirchenschiff mit einem Mansarddach, wie sie der Hamburger Kirchenbauer E. G. Sonnin einführte. Das Innere birgt eine der am besten in ihrem ursprünglichen Zustand bewahrten Schnitger-Orgeln.
Lu und Ditgerskop waren Plätze, an denen sich um die Mitte des 12. Jahrhunderts die

Im Alter erfüllte sich Kapitänstochter Elisabeth Flickenschildt einen Kindertraum, im Blütenparadies zu wohnen. In diesem Haus in Guderhandviertel vollendete sich das Leben der großen Schauspielerin.

Das älteste Fachwerkgebäude des Landes steht in Guderhandviertel, ein Speicher: »1587 Heinrich thom Velde düt hus int werck laten stellen . . . « beginnt der Hausspruch. Jetzt bewohnt ein Hamburger Physikprofessor mit Sinn für Altländer Kultur das stattliche Haus

ersten holländischen Siedler niederließen: Lu bezeichnete die heutigen Lühedörfer und Ditgerskop das heutige Hollern. Nach Flüssen nannten sich auch zwei Geschlechter, die bei der Marschenkolonisation an Lühe und Zester (Jork-Borstel) eine große Rolle spielten. Die Schulte von Lühe standen in Diensten des Erzbischofs und besaßen große Ländereien zwischen Sittensen und der Lühemündung. Ihren Sitz hatten sie in Bergfried (heute Altersheim), das vor der Holländerkolonisation schon Sitz der sächsischen Edelfamilie von der Lühe war. Kirchenpatrone und Gerichtsherren waren im 14. Jahrhundert auch die von Zesterfleth, an die eine Prieche (erhöhter Kirchenstuhl) in der Kirche erinnert.
Die Fachwerkkirchen in Grünendeich und

Twielenfleth gehören zu den kleineren Gotteshäusern in der ersten Meile. St. Georg in Twielenfleth wurde von Sturmfluten mindestens zweimal an einen neuen Standort vertrieben. Orte wie Wöhrden (Wurt), das 959 Wurthfleth hieß, Berdesfleth (Bassenfleth), Bredenfleth (Brunshausen) bezeugen alte Besiedlung. Grünendeich, das frühere Obertwielenfleth, war ebenfalls im Mittelalter Angriffen großer Sturmfluten ausgesetzt. Die jetzige Marienkirche ist im Jahre 1608 gebaut worden, wahrscheinlich an dritter Stelle, nachdem die Allerheiligenflut 1570 einen ersten, älteren Bau an der Lühemündung zerstört hatte. Mittelnkirchen und Steinkirchen waren über die Lühe bis zu Beginn dieses Jahrhunderts durch eine Zugbrücke verbunden. Einen Begriff davon gibt eine im gleichen Stil kürzlich erbaute Fußgängerbrücke beim Hogen Diek, die Hogendiekbrück, die allerdings nicht beweglich ist.

In Grünendeich wird seit dem Jahre 1847 an einer Seefahrtschule, die anfangs in Cranz begonnen hat, nautischer Nachwuchs für kleine und mittlere Fahrt ausgebildet. Der Schulgründer, der junge Cranzer Peter Porath, hatte in Amsterdam Navigation erlernt und war einige Jahre als Obersteuermann im Dienste der Holländisch-Ostindischen Kompagnie gefahren. Als er zuerst in Amsterdam und 1845 in Cranz Unterricht gab, stand die Altländer Seefahrt in hoher Blüte. Die kleinen Segler steuerten Messina im Mittelmeer und Häfen in Nord- und Südamerika an, und mit ihren Nußschalen segelten Altländer Kapitäne um Kap Hoorn nach San Francisco und Valparaiso. 1860 gab es in Cranz 40 Kapitäne auf großer Fahrt, und Familienreedereien, bei denen Frauen und Kinder Pökelfleisch salzen, Sauerkraut stampfen und Proviant verpacken mußten, bevor die Schiffe auf die große Reise gingen. Die Belebung der Küstenschiffahrt nach 1945 rettete die mehrmals von Aufhebung bedrohte Seefahrtschule. Noch heute sind Grünendeich und Twielenfleth Dörfer, in denen viele Elblotsen ansässig sind und diesen Dienst an der Schiffahrt seit Generationen ererbt haben.'

Deich und Häuser machen einen Bogen um das kleine Gotteshaus in Mittelnkirchen

Der Spruch über dem Türoberlicht zum Cranzer Fährhaus paßt für das ganze Alte Land: »Vater Neptun und Frau Niobe die sind stets bei uns an Luv und Lee«.

Wie Beton zu Sprengstoff wurde

Unter den zehn erhaltenen Kirchen des Alten Landes hat die des heiligen Mauritius in Hollern als einzige einen Rundturm aus Stein. Er ist unten aus Findlingen, darüber aus gotischen Backsteinen im Klosterformat gemauert und an einigen Stellen mit kleinformatigen Ziegeln ausgebessert worden. Bis vor kurzem stand im Turm ein

Hermenfiguren mit und ohne Bart umgeben den 1618 geschnitzten hübschen Taufständer der St. Marienkirche in Grünendeich

Die Schiffer- und Fischerkirche ist ein Fachwerkbau wie ihre Schwestern in Neuenkirchen und Twielenfleth, sie wurde kurz nach Gründung der Kirchengemeinde Grünendeich (1608) gebaut

mehrgeschossiges Holzgerüst mit der Glockenstube. Als der Turm in den 60er Jahren Risse zeigte, wurde gründliche Arbeit geleistet: Das Holzgerüst wurde durch Beton ersetzt, der mit dem Mauerwerk verbunden wurde und dem Turm Halt geben sollte. Aber diese Annahme trog: Seitdem geht der Turm erst recht aus dem Leim. Die Minerale im Zement vertrugen sich nicht mit dem alten Kalkmörtel des Turms und wirkten wie Sprengstoff im Zeitlupentempo. Soll der Turm nicht auseinanderbrechen, tut baldige Hilfe not; denn er ist der älteste Zeuge holländischer Siedlung im Alten Land.
Die Kirche ist auf einer Wurt angelegt. Die ersten Bewohner des Sietlandes hatten vor mehr als 800 Jahren noch kein Vertrauen zu den Deichen. So könnte der Wehrturm auf der Wurt den ersten Bauern auch Schutz vor Sturmfluten geboten haben.

Auffällig ist der Name des Kirchen-Patrons: Dem heiligen Mauritius (zu Deutsch: Moritz), dem Führer der Thebäischen Legion, der als Christ mit seinen Soldaten um 300 bei Agaunum (Saint Maurice im Wallis, Schweiz) den Martertod erlitt, ist keine andere Kirche im Alten Land geweiht. Der Name des Patrons taucht schon 937 bei der Gründung des Moritzklosters Magdeburg auf, das 968 Erzbistum wurde und bei der Ostkolonisierung eine Rolle spielte. Als Kirchenheilige, unter deren Banner Ritterorden, Bauern, Kolonisten und hansische Kaufleute nach Norden und Osten zogen, erscheinen häufig die Heiligen Georg und Mauritius. Als Patron der Kompanie der Schwarzen Häupter von Riga kam Mauritius im Livland der Ordensritter zu Ehren, unter deren Bischöfen sich auch ein Berthold von Schulte befand († 1198).
Die 112 Zentimer hohe Eichenfigur des gekrönten Ritters mit schwarzem Gesicht und Schwert vor der Brust ist auch in den Inventarverzeichnissen der Altländer Kirchen einzig. Sie soll zwischen 1300 und 1350 geschnitzt worden sein.
Ein barocker Taufengel unter dem Tonnengewölbe schwebte früher über der mit Engeln verzierten Taufbedachung aus dem 17. Jahrhundert. Wurde der Taufdeckel

Der Rundturm der St. Mauritius-Kirche in Hollern ist wohl das älteste Bauwerk des Marschlandes; seine Granitmauern stammen aus romanischer Zeit

Ein Engel, der fliegen kann: Diese Figur in der Moritzkirche schwebt bei Taufen von der Decke herab

angehoben, schwebte der Engel von der Decke herab.
Die von Holzschranken umschlossene Bronzetaufe ist etwa so alt wie der Schwarzhäuptige und hat eine lateinische Inschrift, die von rechts nach links zu lesen ist und lautet: O rex glorie veni cum pace (deutsch: O König der Herrlichkeit, komm mit Deinem Frieden).
In der vier Kilometer langen Siedlung Hollern liegt das zweigeschossige Haus Nr. 167 fast am Ortsausgang nach Stade. Es gehörte zum Gut Brook, früher »zum Brook«, und war Tafelgut der Äbte des Stader Marienklosters. Hundert Jahre nach Halepaghens Tod residierte hier der evangelische Abt Jodocus von der Becke, der die kirchlichen Güter in unglaublicher Weise verpraßte, verschenkte und veruntreute und aus dem Kloster Unser Lieben Frauen ein Kloster seiner lieben Fräulein machte.

Die Freiheit von der früheren strengen Klosterzucht ließ er auch seine Umgebung spüren: Leibeigene Kinder seiner Klostermägde wurden freigesprochen, und mit Klostergut schaltete und waltete er wie mit Privateigentum. Sein Faktotum auf dem Brockhof, Armgart Speckhahn, Ehefrau eines Bremer Krämers, bekam einen Hof in der Nachbarschaft und schenkte Jodocus acht Kinder, die sie sich 1597 durch den kaiserlich-römischen Pfalzgrafen und hamburgischen Syndikus Wilhelm Möller als legitime Kinder bescheinigen ließen. Die Söhne waren noch mehr aus der Art geschlagen als der Vater. Sie betrogen ihn, bettelten ihn an und brachten durch, was er ihnen aus dem Klostergut zukommen ließ: »Joest den Moetwilligen, Coerde und Hermen den bösen Buben«, nannte er sie in seinem gewissenhaft geführten Haushaltsbuch: Hermen hatte keine Lust zum Studieren, er »Leef stracks von Bremen und gaff sich bei lose Schelmen, Landstrykers Mordanners, als Kemys undt syn Rodt (Rotte) waß«. Barfüßig, fast nackt und verhungert, klopfte Hermen beim Vater in Hollern an und wurde aufgenommen wie der verlorene Sohn. Nun sollte er Organist werden, hatte wieder keine Lust und nahm von einem dänischen Werber zwei Mark Handgeld als Landknecht. Jodocus mußte ihn für 50 Mark freikaufen: »Wo schmertzlich mir das anging weeß Gott, denn ich mußte das Geldt leinen (leihen). Dafür ich ihn denn den 30sten tho Staden uff der Abdey mit dem Bullenstocke dapffer abgesmyret.« Das Gut zum Brook ging in der Schwedenzeit in weltlichen Besitz über – wie viele andere anfangs als Geschenk der Königin Christine an verdiente Offiziere und Beamte. Im 18. Jahrhundert war es im Besitz der Familie von Cronhelm, die nach 1700 das heutige Fachwerkhaus bauen ließ.

Volkskunst und Kultur des Alten Landes auf einen Blick und aus drei Jahrhunderten mit Pferdeschlitten, Prunkwagen und Karjohle versammelte der Verein zur Erhaltung Altländer Kultur zur 750-Jahr-Feier von Jork in der Altländer Festhalle

Beim Mühlenfest in Twielenfleth dürfen sie nicht fehlen, die vier Fremdenführerinnen aus der Samtgemeinde Lühe, die Besucher durch das Land führen und sich ihnen zum vielbegehrten Trachtenfoto stellen

Wie die Windsbraut zu ihrem Mühlenfest kam

Als Wind und Wasser noch Räder drehten, Mahlsteine bewegten, Walkwalzen und Lumpenstampfer betrieben, klapperten die Mühlen am rauschenden Bach nur am Rande der Geest, wo die Bäche sich ins Urstromtal der Elbe ergießen: Stade, Horneburg, Neukloster, Harsefeld, Bucstede. In der flachen Marsch klapperten die Mühlen nicht, da sausten die hohen Windräder wie Flügel von Riesenvögeln durch die Luft, angetrieben von einem »königlichen Wind«. Bockwindmühlen standen an vielen Stellen im Alten Land, an oder auf dem Elbdeich, wo der Nordwest besonders stark ist. Bei den Bockwindmühlen (eine steht im Freilichtmuseum auf der Stader Insel) ruht das ganze Mühlenhaus auf einem Bock und wird am Steert (Schwanz) nach dem Wind gedreht. Höher hinauf strebten die Mühlenbauer, als ein neuer Typ, der »Holländer«, an der Elbe heimisch wurde: Diese Galeriewindmühlen haben einen zwei- oder dreigeschossigen Backsteinturm, auf dessen Böden der Mühlenbetrieb von oben beginnt und mit der Auslieferung des eingesackten Mahlguts im Erdgeschoß endet. Auf dem Turm sitzt das Turmdach mit der Windrose, den Mühlenflügeln und einem Baum, mit dem der drehbare Mühlenkopf in den Wind gestellt wird. Der berühmte Maler Leonardo da Vinci hat diese Technik erfunden, der Flame Lieven Andries konstruierte sie, 1573 wurde sie in Leiden zuerst gebaut. Von Holland verbreiteten sich die Turmwindmühlen rasch über Nordeuropa und heißen nun Holländer-Windmühlen oder Galerieholländer, weil sie unter dem Dach einen Rundum-Holzbalkon zur Bedienung des Mühlenkopfes haben.

Die »venti amica« (= Windsbraut) in Twielenfleth schloß an 500jährige Mühlengeschichte an, als sie 1847 nach dem Brand der alten Mühle neu gebaut wurde. Vier Jahre später kaufte sie ein Apotheker aus Pinneberg für seinen Sohn Georg Noodt, von

dem sie in vierter und fünfter Generation an Hans-Balthasar und Hein Noodt, beide Müllermeister, vererbt wurde. 1962 und 1976 wurden Mühlrad und Windrose vom Sturm beschädigt, auch das Dach war undicht. Da sprang die »Bürgerschaft Twielenfleth« ein und sammelte für die Wiederherstellung ihres Dorfwahrzeichens. Daß die beiden Müller Noodt jetzt wieder elektrisch und mit Wind mahlen können, verdanken sie auch einem Maler: Kunstmaler Otto Rahm stellte der Bürgerschaft einen Holzschnitt zur Verfügung. Sein Verkauf brachte rund 40000 Mark ein, zusammen mit anderen Spenden und Zuschüssen reichte es für die Herrichtung. Seitdem feiern die Twielenflether in jedem Spätsommer ihr Mühlenfest in der »Windsbraut«. Twielenfleth, das Dorf der Elblotsen, sorgt dafür, daß der alte Name einer sächsischen Elbsiedlung nicht vergessen wird: Neben dem Fährhaus im Außendeich haben sie ein Freibad, wo man schwimmen kann und die großen Schiffe auf der Elbe vorbeifahren sieht. Twielenfleths größere Zukunft ist schon seit 300 Jahren immer wieder baden gegangen: Pläne wurden geschmiedet, zuletzt im Königreich Hanno-

Seit der großen Sturmflut 1962 hat Schäfer Hermann Maschmann zwischen Twielenfleth und der Lühemündung mit seiner Schafherde den Deich begangen, seine Herde genährt und mit ihrem tausendfüßigen Trippelschritt den Deich gepflegt. Jetzt hat er sich zur Ruhe gesetzt und den Platz beim alten Leuchtturm von Bassenfleth geräumt

Feiner Rauch steigt aus den drei Riesenzigaretten des Ölkraftwerks Schilling in den blauen Himmel.

Nichtraucher-Kernkraftwerk sorgt dafür, daß die »Zigaretten« nur noch selten angezündet werden und dennoch keine Lichter ausgehen

Das Wasserwandern ist der Paddler Lust – wie hier auf der Lühe – auch auf Schwinge und Este. Die Elbnebenflüsse im Obstland sind kilometerlange Sportboothäfen geworden.

Schreckensbilder der großen Flut 1962: Pioniere bergen vom Wasser eingeschlossene Einwohner von Neuenfelde

Bis auf den Grund brach dieser Deich in Höhe der Schiffswerft in Cranz-Neuenfelde im Februar 1962, die Dritte Meile wurde zur Wasserwüste

ver, hier an der Elbe einen großen hannoverschen Überseehafen zu bauen. Sogar Eisenbahnanschluß sollte Twielenfleth als Kopfstation für eine Eisenbahnfähre (Trajekt) über die Elbe erhalten. Beide Träume gingen elbaufwärts in Harburg in Erfüllung. Als 1866 die Preußen über die Elbe kamen, landeten sie in Twielenfleth und marschierten nach Stade weiter, das sie im Handstreich einnahmen. Nun fehlte die Eisenbahn, mit der das Königreich Truppen an die Elbe befördern konnte. Eine Inschrift auf einem Findling, der auf dem Twielenflether Elbdeich liegt, besagt, daß an dieser Stelle im Jahre 1675 eine Schwedenschanze angelegt war. Damals war über Schweden als Mitglied des Reichstages die Reichsacht erklärt worden. Schweden versuchte vergeblich, die Herzogtümer gegen vier Exekutoren zu verteidigen, die sich beeilten, das Fell des Bären zu teilen: die Dänen kamen über die Elbe, Buxtehude und das Alte Land wurde von den Herzögen von Celle und Wolfenbüttel besetzt, die Truppen des Bischofs von Galen aus Münster rückten von Verden aus ein.

Zur Kirschblüte zeigt sich das Alte Land als heile Welt, und niemand ahnt, wie bedroht sie ständig ist

1962 im Februar rückte ein anderer Feind an. In nüchternem Amtsdeutsch heißt es auf dem Findling: »Nach den Erkenntnissen der großen Sturmflut vom Februar 1962 wurde dieser Schutzdeich gebaut. 1975.«

Für das 920 Jahre alte Twielenfleth, das in einer Urkunde aus dem Jahre 1059 neben Hasselwerder (dessen Name in Neuenfelde aufging) erwähnt wird, nahte die Gefahr hinter dem Deich, als sich 1967 Twielenfleth und Hollern zu einer Gemeinde zusammenschlossen, um einer Eingemeindung nach Stade zu entgehen. Der Landtag in Hannover gab der Einheitsgemeinde den Namen Hollern und ließ das ältere Twielenfleth sang- und klanglos in der Versenkung verschwinden. Die Bürger wollen

In Twielenfleth-Bassenfleth Nr. 18 ist die Arbeitsstätte des Hofes der Straße zugekehrt und durch die Kunst der Zimmerer und Maurer zur prächtigen Schauseite über der Grootdör geworden

ihre Herkunft nicht vergessen und gründeten 1976 die »Bürgerschaft Twielenfleth«. Der alte Name blieb wenigstens auf Ortsschildern erhalten.

Etwas ist anders am Bild der Marschhufendörfer Twielenfleth und Bassenfleth als sonst im Alten Land. Ist das Altländer Bauernhaus mit seiner Wohn- und Schmuckseite der Straße zugekehrt und das Wirtschaftsgebäude auf dem Hofplatz hinter dem Hause angesiedelt, haben die beiden Flethdörfer an der Elbe Häuser, deren Grootdöören sich zur Straßenseite öffnen. Die bis zum First reichenden oder abgewalmten Fachwerkgiebel zeigen statt der Fensterreihen Altländer Wohngiebel besonders reiches Buntmauerwerk. In Bassenfleth gibt es Hofanlagen mit den Doppelgiebeln von Wohn- und Wirtschaftshaus nebeneinander, wie sie für Kehdingen typisch sind. Einige der im 18. Jahrhundert entstandenen Häuser haben Prunkpforten aus der gleichen Zeit. Bedenkt man, daß die schönsten und ältesten Pforten in Neuenfelde stehen, wo der Buxtehuder Einfluß groß war, liegt es nahe, die Entstehung der Pforten im 17. Jahrhundert als barocke Nachahmungen der schlichten Pforten des Alten Klosters anzusehen. Selten geworden sind die Giebelverzierungen durch gekreuzte Schwanen- oder Pferdeköpfe, auch die weiß gestrichenen Holzgitter der Vorgärten, die Schöttelhecks (Geschirr-Trockengestelle), auf denen die Hausfrauen ihr Geschirr zum Trocknen stellten. Noch vor 30 Jahren sah man die Frauen im Frühjahr beim Anstreichen ihrer Holzgitter und -türen. Dann wurden alle Polstermöbel zum Reinigen ins Freie getragen und die Gartenwege mit rotem Kies bestreut – nicht allein aus Freude an der Farbe, sondern auch, um nicht im frühjahrsfeuchten zähen Kleiboden stecken zu bleiben und den Dreck ins Haus zu tragen. Der rote Kies ist jetzt schwer zu beschaffen und wird dauerhaft durch Plattenbelag ersetzt. Bassenfleth und Wöhrden sind die beiden westlichen »Grenzdörfer« des alten Kirchspiels Twielenfleth, das sich mit dem alten Obertwielenfleth, jetzt Grünendeich, mehr als zwölf Kilometer am Elbdeich entlang erstreckt und damit fast die Länge von Borstel (13,5 km Deichlänge) erreicht. Hier am historischen Anfang des Alten Landes stoßen Obstgärten fast hautnah an das neue Industrierevier Unterelbe, zwei Kraftwerke, ein Öltanklager und die größte deutsche Saline im Winkel zwischen Schwinge und Elbe. Das Salzwerk bezieht seine Schätze aus Jahrmillionen alten Meeren, die einige hundert Meter unter dem Grund der Geest zwischen Stade und Harsefeld ihr Salz abgelagert haben, als es noch keine Elbe und kein Altes Land gab.

Der »Logenplatz« mit Elbblick im Fährhaus Lühe war schon in der Zeit der Segelschiffe und Dampfer bei Ausflüglern beliebt

Auf dem Elbdeich sind die ersten Rangplätze auf den Deichbänken Stammplätze der Rentner von der Waterkant, die das Schiffstheater auf der Elbe mit Sachverstand, Klöhnsnäcken und Klookschieterei kommentieren.

Bunte Scheinwerfer der Leuchttürme weisen Lotsen und Steuerleuten nachts den rechten Weg auf der Weltwasserstraße Unterelbe

Sommersonne am Twielenflether Elbstrand und dann noch ein Vollschiff unter Segeltuch, da bleibt kein Auge trocken. Zu Wasser und zu Lande folgten Zuschauer der seewärts segelnden »Dar Pomorzą«, bis sie hinter Stade im Dunst verschwand

Anstoß und Anregungen zu diesem Buch gab Christian Herrmann, Stadtdirektor in Buxtehude. Für mündliche Informationen, alte Fotos und Postkarten danke ich vielen Buxtehudern und Altländern, Artur C., Staatsarchivdirektor Dr. Heinz-Joachim Schulze, Stade, für die Durchsicht des Manuskriptes, dem Niedersächsischen Staatsarchiv Stade und dem Altländer Archiv, Jork, dem Archiv H. P. Stechmann, Buxtehude, dem Stadtarchiv Buxtehude und dem Kirchenarchiv der St. Petri-Gemeinde, Buxtehude.

Literaturhinweise

H. P. Siemens: Das Alte Land
Carl Röper: 750 Jahre Jork-Borstel
Adolf E. Hofmeister: Besiedlung und Verfassung der Stadter Elbmarschen
Friedrich Gerdes: Chronik des Kirchspiels an der Este
Maria Möring: 200 Jahre Johannes Schuback und Söhne
Hermann Allmers: Marschenbuch
Richard Linde: Die Elbe
Bernd Köhler, Hans Riediger: Das Alte Land
Alice Osse Gosch: Altländer Tracht
Gustav Fock: 900 Jahre Neuenfelde
Heinrich Reinecke: Hamburger Geschichte
Artur Conrad Förste: Buxtehuder Blätter Heft 1, 2, 4
Karl E. Fick: Buxtehude
Th. Thorborg: Buxtehuder Heimatbücher Band 1 und 2
Heimatverein Buxtehude: Heimatliches Buxtehude, Band 1–4
Margarete Schindler: Buxtehude – Studien zur mittelalterlichen Geschichte einer Gründungsstadt

Bildnachweis

H. Wohlert (S. 4)
Landesbildstelle Bremen (S. 7)
Prof. Dr. Meyer-Bruck (S. 18)
Niedersächsisches Staatsarchiv Stade (S. 80 u. Vorsatz)
Monika Seebörger (S. 33, 36)
Ralph Kleinhempel (S. 51, 52, 54)
Hanseatische Luftbild GmbH (S. 65)
Karte S. 67:

Kartengrundlage: Topographische Karte 1 : 100 000
* C 2322 (1978), C 2722 (1981).
Herausgegeben vom * Landesvermessungsamt Schleswig-Holstein und vom Niedersächsischen Landesverwaltungsamt – Landesvermessung.
Vervielfältigt mit Erlaubnis des Niedersächsichen Landesverwaltungsamtes – Landesvermessung – B 5 – 176/83.

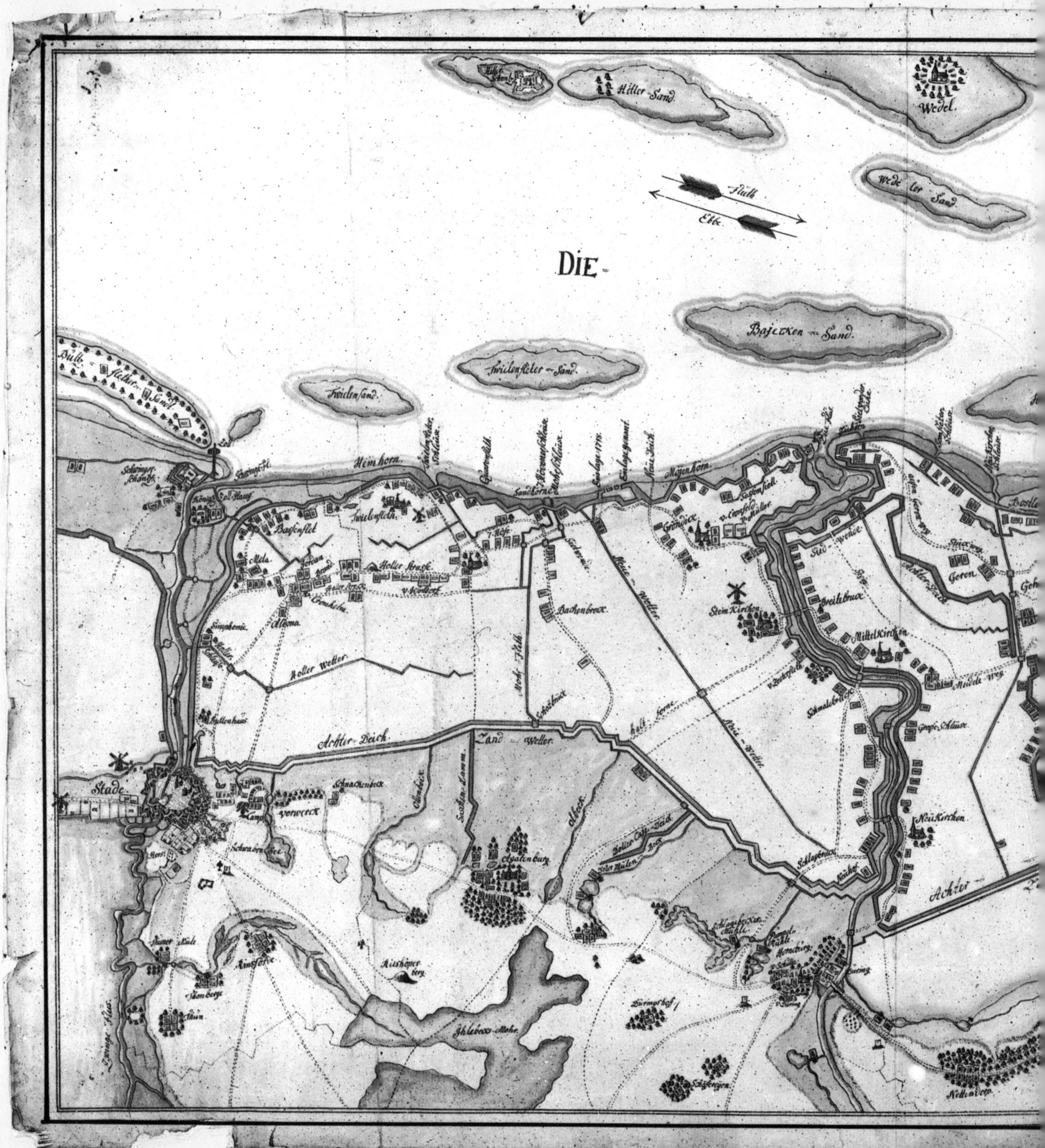
Hiller-Sand
Wedel.
Wedeler-Sand
Flüth
Ebbe
DIE
Bajerken-Sand
Twielensteter-Sand
Twielensand
Himhorn
Twielenfleth
Bassenfleth
Holler Straße
Holler Wetter
Bachenbrock
Stein Kirchen
Mittel Kirchen
Breitebrück
Goren
Achter-Deich
Zand-Wetter
Stade
Vorwerck
Agatenburg
Neükirchen
Horneburg
Achter
Nottensdorp